AF599980

OBJETIVO TRABAJAR

Consejos y recursos para la búsqueda de empleo y el éxito profesional

IVÁN PARRO FERNÁNDEZ

Aliar ediciones

Corrección: Inés González Calo
Diseño de cubierta: Pablo Arellano
Maquetación: Aliar Ediciones

Depósito Legal: GR 1798-2025
ISBN: 979-13-88058-28-8

Impreso en España

Edita
ALIAR Ediciones
www.aliarediciones.es
info@aliarediciones.es

OBJETIVO TRABAJAR

Consejos y recursos para la búsqueda de empleo y el éxito profesional

IVÁN PARRO FERNÁNDEZ

El trabajo más productivo
es el que sale de las manos
de un hombre contento.
Víctor Pauchet

Elige un trabajo que te guste
y no tendrás que trabajar ni un día de tu vida.
Confucio

El trabajo ayuda siempre,
puesto que trabajar no es realizar lo que uno imaginaba,
sino descubrir lo que uno tiene dentro.
Boris Pasternak

Índice

Prólogo

Cuando hablamos de cómo conseguir trabajo hay algo que me entristece. Intento explicarme. Programas de televisión —yo mismo presento uno—, orientadores laborales profesionales, espacios de radio, *influencers* grabando cientos de vídeos, libros como este, horas y horas de estudios y sacrificio... todo para conseguir un trabajo. Todo para ir a un lugar a dejar horas y esfuerzos, donde la mayoría de la gente, si pudiera elegir, no iría. El dios de los cristianos dijo en el Génesis: «Te ganarás el pan con el sudor de tu frente, hasta que vuelvas a la misma tierra de la cual fuiste sacado». Vamos, que para comer tienes que trabajar hasta que te mueras. Y para trabajar hasta que te mueras no vale simplemente con presentarte en una empresa y ya. Hace mucho tiempo que no es tan «fácil». Tienes que prepararte, debes estudiar, necesitas años de formación general y luego específica para tu profesión. Y, encima, aprender cómo funciona esta cosa tan complicada en la que se está convirtiendo conseguir un empleo. Mucho esfuerzo, no para alcanzar la gloria o un viaje alrededor del mundo o ganar la lotería. Mucho esfuerzo para otro esfuerzo: un trabajo. Un trabajo que, además, a veces no se paga como se merece, o dura muy poco o tiene jornadas laborales que se extienden más allá de lo que marca la ley, el contrato y las buenas costumbres. Y sin que te paguen las horas extras. Conseguir un trabajo no es fácil, en España llevamos años siendo los campeones europeos del paro y, además, con niveles de precariedad muy altos. Así que esa «maldición divina» que es el trabajo hay que trabajársela, no es maná que cae del cielo sino agua de un pozo que hay que buscar bajo tierra cavando duramente con pico y pala. Es mejor ser consciente, buscar ayuda y ponerse a trabajar para conseguir trabajo, no eludir el problema, sino enfrentarlo. Es triste que sea así, pero así es.

La inmensa mayoría pasamos años de estudios para formarnos, pero sin dedicar, en esos planes de estudio, ni un segundo al mundo del trabajo y de todo lo que hay que hacer para conseguir uno. Por eso nos alegra la publicación de trabajos como el de Iván Parro y su *Objetivo trabajar*. Es una guía sencilla y abierta a cualquiera que quiera repasar los puntos básicos de la búsqueda de empleo. Desde el currículum a la entrevista de trabajo pasando por las redes sociales o la formación, deteniéndose en la búsqueda de trabajo para profesiones concretas o en momentos del año señalados, porque buena parte del empleo en España es estacional y tenerlo en cuenta es básico. Es una guía abierta, también, en el sentido de que te conduce a otros lugares en los que puedes conseguir ayuda. Sus enlaces al final de algunos capítulos invitan a poner en práctica las indicaciones y consejos que ofrece.

No busques en este libro una fórmula mágica para conseguir un empleo, simplemente no existe. Depende de tu edad, de tu experiencia, del campo en el que buscas trabajo y, por supuesto, de las oportunidades que hay en tu ciudad o a una distancia razonable del lugar en el que vives. Iván es consciente de eso y dedica un par de capítulos a las posibilidades que hay —o no hay— en Béjar, en su localidad. Como en la vida, no existe un camino recto que nos lleve a nuestro objetivo, al empleo que buscamos, y si lo hay, desde luego no lo conocemos. Este texto es consciente de eso y ofrece acciones y posibilidades para ponernos en marcha hacia nuestro objetivo de conseguir un empleo. Porque es muy importante no quedarse parado ante el paro. Con inteligencia y con energía, hay que moverse, quedarse quietos esperando no es una opción. Hay que seguir las vías que nos abren las personas que conocemos, sean o no de nuestra profesión. Hay que adentrarse en la formación, en la búsqueda de ese plus que nos puede acercar al puesto que deseamos. Hay que entrar en las redes sociales abiertos a potenciar nuestra imagen y a contactar con profesionales que puedan darnos una oportunidad laboral. Hay que hacer muchas cosas, las mejores pueden ser las que solo a ti se te ocurran en las circunstancias en las que te encuentras.

Me gustaría decir que si haces lo que dice este libro y te esfuerzas lo suficiente vas a conseguir tu objetivo de encontrar empleo, pero no es verdad. Hay una variable que no puede controlarse en la vida, es el azar, la suerte, el destino... como quieras llamarle. El mundo está lleno de historias inspiradoras sobre grandes hombres y mujeres de éxito que se propusieron una meta, lucharon duro por ella y la alcanzaron. Por supuesto, es cierto que eso sucede, pero también es cierto que la mayoría de los que lo han soñado no han sido estrellas del *rock*, notarios, escritores o periodistas por mucho que lo intentaron y pusieron toda su fuerza y su talento en ello. ¿Sabes qué es cierto? Que si te esfuerzas y te acompañas de buenas ideas y consejos, como los que ofrece este manual de búsqueda de trabajo, tienes muchas más posibilidades de conseguir tus objetivos. Eso es lo que puede hacer la inteligencia y el esfuerzo por ti: darte más oportunidades. No es poco. «El universo conspira para que tus sueños se hagan realidad», es una bonita frase que seguro que se ha cumplido a mucha gente en este hermoso planeta. Muy muy poca gente si la comparamos con la inmensa mayoría que tienen una existencia satisfactoria, aunque sus sueños no se hicieron realidad. Quizá es más sabio que seas tú el que conspires para conseguir el trabajo de tus sueños, a lo mejor el universo está muy ocupado como para estar pendiente de tu entrevista de trabajo. El universo te dio entendimiento e inteligencia, súmale buenas dosis de trabajo, estudia cómo es la empresa en la que te van a hacer la entrevista, repasa bien qué puedes ofrecerle a esa compañía, entrena lo que vas a hacer y decir en ese encuentro con un seleccionador (consejos que puedes encontrar en este libro) y quizá consigas el empleo. Conspira/trabaja para conseguir tu trabajo, sin garantías totales de éxito, haz de ello un fin en sí mismo, un camino que te haga crecer y mejorar, eso es lo que puedes hacer por ti. Hazlo.

Antolín Romero Ortega
Presentador y director
del programa de televisión *Aquí hay trabajo*.

Nota del autor

Querámoslo o no el trabajo sigue siendo algo muy importante en nuestras vidas. Sin un trabajo no obtenemos un rendimiento o salario que nos permita vivir lo más dignamente posible. Un trabajo es y seguirá siendo un verdadero tesoro, pues nos proporciona la riqueza necesaria para una subsistencia que las más de las veces se torna difícil y, a veces, muy complicada.

Este libro contiene una recopilación de mis colaboraciones en el semanario digital *bejar.biz* dentro de una sección llamada «A trabajar». Fue una propuesta iniciada en el año 2017, fantásticamente acogida por el semanario en la persona de su director, D. Antolín Velasco, al cual agradezco la oportunidad de plasmar y de haber podido participar con mis conocimientos y experiencias como formador de empleo. Con esas breves aportaciones intentaba ayudar a aquellas personas que estaban buscando trabajo o que querían mejorar el que tenían, hablando no solo de las herramientas más importantes para la búsqueda de empleo como el currículum o la entrevista, los medios y las múltiples y variadas formas de buscar ofertas o la amplia variedad de temas que se pueden tratar en el mundo laboral, incidiendo especialmente en consideraciones más específicas sobre Salamanca y sobre Béjar, la ciudad donde vivo, grande e importante ciudad textil antaño y que en nuestros días sigue luchando por su futuro.

También quisiera agradecer a Don Antolín Romero Ortega, director y presentador del programa de televisión *Aquí hay trabajo*, el cual lleva ya varias décadas acercándonos el universo del empleo, por su amabilidad y su generosidad para prologar este libro.

El camino no es fácil todavía, aún es largo y a veces pedregoso, máxime tras pasar momentos difíciles como los que hemos vivido. Las condiciones no es que sean las mejores en muchos de los casos pero hay que seguir apostando e invirtiendo por el futuro de nuestras ciudades, de nuestros países y de todas las personas.

En este libro quiero compartir algunas ideas, reflexiones y consejos sobre cómo y dónde buscar trabajo, además de intentar comprender un poco mejor ese mundo laboral que tantas veces se nos muestra extraño, imprevisible, inquietante o desconocido.

Si estás buscando trabajo permíteme desearte mucha suerte. Espero que este libro te ayude o te sugiera ideas para ello.

Si estás actualmente trabajando, pero quieres mejorar o descubrir algo más sobre el mundo del empleo este libro puede ser un buen comienzo.

Si tienes simplemente interés en esta temática, espero que este libro te fomente e incentive todavía mucho más ese interés.

Sea cual sea tu situación, tus objetivos, tus necesidades, tus proyectos, espero que este libro se convierta en una guía útil para tu viaje por el amplio universo del empleo.

Y muchas gracias a ti, estimada lectora o lector, por tu predisposición para conocer algo mejor este mundo tan diverso y cambiante del trabajo.

Adoptemos un lema: A trabajar, a aprender, a ganar siempre.

Si tienes alguna duda, comentario o sugerencia puedes escribirme al correo ivanparro@ucm.es donde atenderé tus comentarios con mucho agradecimiento.

Introducción

A TRABAJAR: ENTRE EL DESAFÍO Y LA OBLIGACIÓN

Cuando hablamos de trabajo nos estamos refiriendo principalmente a una de las actividades principales que realizan tanto hombres como mujeres, un medio por el cual se recibe como contraprestación de nuestro esfuerzo y dedicación una remuneración (ya sea en forma de salario en las sociedades actuales o en la Antigüedad con otro tipo de productos como la sal o las especias entre otros).

El trabajo entonces se convierte en uno de los principales (sino el principal) medio para la subsistencia del individuo, de su familia y de la sociedad en su conjunto, porque cada trabajador, en su campo y dentro de su especialidad, pone al servicio de toda la comunidad sus conocimientos y sus habilidades para el progreso común como grupo. Además el trabajo de unos complementa el de otros en una especie de sinergia de fuerzas que son imprescindibles y totalmente necesarias para el mantenimiento y el avance y desarrollo paulatino como sociedad.

Pero trabajar no es una actividad exenta de desafíos diarios (a veces peligrosos y complejos) que tenemos que superar y para los que debemos sobreponernos. Está el desafío de relacionarse con las máquinas en su propio lenguaje de manera que entiendan y ejecuten de manera correcta todo lo que les pedimos y ordenamos; está el desafío de realizar de la manera más adecuada y correcta nuestra propia tarea, nuestras funciones y/o responsabilidades dentro del campo o sector asignado, y está el desafío de relacionarse y coordinarse con el resto de compañeros y de compañeras de trabajo para llevar a buen puerto y con éxito las tareas encomendadas por los superiores, como si fuéramos un engranaje perfecto donde cada pieza realiza su función de manera correcta y complementaria a las demás.

Hay muchos más desafíos, estoy seguro de que cada cual podría señalar unos cuantos más, pero aquí y ahora solo quería mencionar los que bajo mi punto de vista entran dentro de los más importantes, puesto que un mal funcionamiento de cualquiera de las piezas de ese engranaje conllevaría sin ninguna duda el fracaso en ese trabajo o tarea encomendada, lo cual puede redundar de manera imprevisible sobre el resto de la sociedad.

También el trabajo puede ser visto como una obligación porque es el medio actual que las sociedades occidentales de consumo tienen para que podamos obtener lo necesario para mantener una vida digna. Quien no trabaja porque no puede, no quiere o no encuentra su puesto se verá desgraciadamente abocado a la pobreza, a la marginalidad, a entrar irremediablemente en el círculo de la asistencia social con todo lo que ello supone en muchos casos. En buena parte el trabajo evita todo esto porque suele garantizar cierta estabilidad económica o incluso emocional y mental, un valor muy importante en los tiempos en los que vivimos con tantas crisis y problemas en tantos campos, también a nivel personal e íntimo del individuo. Tener trabajo y estar ocupados nos libera en buena parte de un mal estado mental y físico, pero el trabajo tampoco es la solución a todos los problemas, puesto que incluso a veces este los puede llegar a agravar más profundamente, sino que es un modo y un medio de participación en la sociedad, de aportar algo bueno y provechoso a la misma, de poner en práctica nuestras capacidades, virtudes y habilidades, de socializar, de aportar nuestro pequeño gran grano de arena para construir un mundo mucho mejor para todos, de conocer personas que nos dejen huella, de sufrir y de entender un poco más el mundo que nos rodea y que tantas veces nos puede parecer ininteligible, de tener un papel asignado en esta gran obra de la vida, ocupación que vamos cambiando y modificando según nuestros intereses o necesidades, o quizá es una vía de escape, una manera de explorar frustraciones y miedos, una forma de abandonar lo malo de nosotros y empoderarnos, convirtiéndose en un ejercicio para valorarnos y querernos mucho más y mejor a nosotros mismos. Son tantas y tan variadas las posibilidades e interpretaciones que puede tener el trabajo que parecen infinitas. Y cada persona puede tener las suyas propias por lo que ese espacio infinito podría serlo aún mucho más.

Así, con todo, lo que parece que está claro es que trabajar es una necesidad y una obligación en nuestro tiempo si queremos sobrevivir como individuos, como grupo y como sociedad. Y de cómo poder trabajar o dónde hacerlo vamos a intentar hablar en las páginas de este libro que tiene entre sus manos.

Capítulo 1

HERRAMIENTAS Y RECURSOS DE EMPLEO

1.1. Plantillas y modelos de currículum: la presentación lo es todo (o casi)

Una locura es hacer lo mismo una y otra vez
esperando obtener resultados diferentes.
Si buscas resultados distintos,
no hagas siempre lo mismo.
Albert Einstein

Es muy importante saber cómo elaborar un buen currículum, pues esta es nuestra principal carta de presentación a la hora de optar a un puesto de trabajo. Las tres ideas principales sobre las cuales debe girar el diseño y la confección de nuestro currículum son: adaptarlo siempre y en la medida de lo posible a la oferta o al puesto de trabajo; tener cuidado con las faltas de ortografía y con la propia presentación y que sea claro, conciso y llamativo.

Las siguientes sugerencias de páginas web nos ofrecen descargar gratuitamente decenas de modelos y de plantillas de currículum que podemos utilizar en nuestro proceso de búsqueda de empleo, pero ¿cuál de ellas utilizar? ¿Cuál será la mejor en cada situación? No existe ninguna regla ni manual definitivo y aceptado al respecto que asegure o determine que un currículum más clásico o moderno pueda ser mejor para conseguir un puesto de trabajo, sino que ello dependerá muchas veces de factores y circunstancias que no están a nuestro alcance o que quizá no podamos entender del todo. Lo que nos tiene que quedar claro, en cualquier caso, es que el currículum es la masa principal con la que se va a elaborar nuestro pan laboral, y que si esa masa es mala, no hace una buena mezcla con el resto de ingredientes o no gusta al cliente que la compra o la prueba, el pan nunca se va a hornear o va a salir malo. Debemos ser capaces de elaborar nuestra propia masa, cuidar nuestra marca personal, enriquecer nuestra identidad, nuestro currículum personal con información clara, accesible, directa, que pueda pasar sin muchos problemas el filtro del reclutador. Solo así, si nos planteamos esto como un reto y como una oportunidad, quizá podamos lograr con más convicción nuestro objetivo final.

1.2. *Webs para descargar modelos y plantillas de currículum*

miCVideal

Recopilación de unas treinta plantillas de currículum con un estilo más tradicional que podríamos utilizar en sectores o trabajos que así lo demanden, o incluso en empresas que todavía sigan prefiriendo este tipo de hoja de vida.

El proceso es sencillo: Pulsar en «Crear mi CV», elegir el estilo entre todos los propuestos e iniciar el proceso de elaboración del currículum a través de la inserción manual de los datos solicitados por los diferentes apartados o bien extrayendo los datos que ya tengamos en otros documentos.

Es una web en inglés donde podemos encontrar más de un centenar de plantillas que se pueden descargar en formato .docx (Microsoft Office Word) para que las adaptemos y completemos con nuestros datos e información. Para poder descargar algunas plantillas nos solicitan compartir las mismas a través de Facebook, Twitter o Linkedin.

La web contiene también una serie de pequeños consejos relacionados con la elaboración y el diseño de los currículums que pueden ser de interés.

Página, también en inglés, que requiere de registro previo para poder acceder a la construcción del currículum. Las plantillas pueden ser visualizadas en formato PDF pulsando en «Templates» en la parte superior de la página, y pulsando a continuación en «View PDF» con el ratón sobre cada uno de los modelos sugeridos en la web. Este documento se puede descargar desde el navegador, pero no es editable salvo que poseamos un editor de PDF. (Recomendamos PDF Creator por ejemplo o la versión 2016 o 2019 de Word).

Esta web, al igual que la anterior, también nos ofrece consejos de redacción y sugiere palabras clave o *keywords* por cada uno de los currículum y sectores elegidos que podríamos utilizar para captar la atención del empleador o para mejorar el posicionamiento del documento en los buscadores si decidiésemos subirlo en alguna web, blog o en la nube.

Web que dispone para su descarga de varios tipos de plantillas y modelos (Concentrado, Cronológico, Funcional, Combinado, Básico, Económico, Técnico o Recién graduado, entre otros).

Para obtener cualquiera de ellas lo primero es seleccionar la plantilla. A continuación pulsar en «Descargar plantilla» y se bajará a nuestro ordenador en formato .docx para que podamos modificarla según nuestras preferencias y necesidades.

La página cuenta también con varios modelos y plantillas para cartas de presentación, y una sección con consejos y cuestiones relacionadas con la presentación y/o elaboración del currículum.

Plantillas de currículum vitae gratis

Renueva tu CV con estas plantillas gratis y mejora tu manera de presentarte a las empresas

El portal de empleo Infojobs ofrece en esta dirección quince plantillas de currículums para descargar gratis en formato Word o en formato Photoshop (PSD), con el fin de que puedan ser personalizados por los candidatos/as. Son modelos de distintos estilos y que tienen como objetivo captar la atención del reclutador/a y poder pasar el filtro ya mencionado.

Son muchos los modelos, las alternativas, los diseños y las posibilidades para crear nuestra hoja de vida, una presentación que debe ser clara, atractiva, completa y que sea reflejo de nosotros mismos para que pueda captar la atención y el interés del reclutador/a, para que, de un primer vistazo y valoración, seamos promocionados y podamos pasar a la siguiente fase, porque recordemos que el objetivo del Currículum es presentarnos y que nos contacten para una entrevista de trabajo; por ello es básico elegir el mejor diseño y las mejores palabras para que esta primera parte eliminatoria obtenga el éxito esperado.

1.3. El currículum social como complemento para la búsqueda de empleo

Las redes sociales sin objetivos son como una silla mecedora: mucho movimiento, pero no te lleva a ningún lado.
Pedro Rojas

«Somos lo que Internet y las redes sociales dicen que somos». La irrupción de las redes sociales como forma de relacionarnos o comunicarnos ha influido también con fuerza en el mundo laboral, tanto para quienes buscan trabajo como para quienes buscan trabajadores, siendo la consulta de redes como Facebook, Linkedin o Twitter, un recurso cada vez más utilizado por las empresas y sus departamentos de RR.HH. tanto para reclutar o buscar nuevos talentos y trabajadores como para «investigar» a los posibles candidatos que quieren trabajar en la empresa.

¿Qué es el currículum social? Cuando se utiliza este término nos solemos referir principalmente a la actividad en Internet de un candidato/a, bien en las redes sociales en las que cuenta con perfiles, grupos o proyectos en los que colabora, etcétera. Es el perfil social el que funciona como complemento virtual al currículum en papel. Este currículum social tiene relevancia en tres ámbitos o aspectos:

- *Actividad*: incluye todo lo que el candidato/a hace en Internet: lo que dice, lo que comparte, lo que lee, lo que escribe, todo aquello que forma parte y que se puede encontrar en sus medios y redes sociales.

- *Conexiones*: incluye los contactos y conexiones virtuales de los candidatos/as en sus redes sociales: a quiénes seguimos, quiénes nos siguen, con quién participamos en un grupo, cuántos contactos profesionales tenemos y quiénes son, etcétera.

- *Reputación online*: se refiere al conocimiento, seguimiento y control de toda la información y los datos que se refieren o que tienen relación con los candidatos. Esta reputación es un reflejo del prestigio y/o consideración que tienen de él o de ella en Internet (la opinión que tienen otros sobre nosotros). Esta reputación es muy importante, puesto que a mejor reputación más «confianza» transmitiremos a los empleadores.

Resaltamos en este punto el hecho de que es necesario repasar la información que compartimos en redes y controlar lo que dicen los demás sobre nosotros, o lo que se pueda publicar acerca de nosotros, pues querámoslo o no, el currículum social es el recurso que cada vez utilizan más empresas para valorar y/o buscar candidatos/as.

Es fundamental participar en redes sociales, sí, tener perfiles en alguna de ellas, interactuar, tenerlas actualizadas, ser activos, atraer seguidores, pero también hay que ser conscientes que esas redes son el escaparate personal (y a la vez también lo pueden ser a nivel profesional), de cara a los posibles reclutadores que nos encuentren, nos sigan o vean lo que publicamos o compartimos.

Nuestro currículum social debe ser adaptado lo más posible y enfocado a nuestra profesión o a nuestros intereses, a dar una imagen exterior positiva y adecuada, de candidato ideal, participativo, respetuoso, atento a la actualidad, abierto y creativo. El secreto de un buen currículum social no es tener perfiles en decenas de redes, contar con miles de seguidores, subir o compartir los mejores contenidos o las fotos perfectas, sino que este sea lo más profesional posible, que nos ofrezca una imagen adecuada, el perfil del mejor candidato/a para el puesto ofertado, pero esto sabemos que no es tan fácil, aunque sí que es posible.

Muchos optan por no controlar lo que publican o lo que comparten, subiendo contenidos o datos a veces sin valor o sin relevancia ni personal ni profesional. Se aconseja pensar en los otros (en este caso en las empresas, en quienes van a leer nuestro perfil en redes). Por eso sería bueno que realizáramos un análisis de las carencias y de las fortalezas de nuestros perfiles sociales, meditando cómo mejorarlos, cómo hacerles más atractivos, más accesibles, que llamen la atención de los reclutadores, que estén en el *top five* de los mejores perfiles, porque seguramente ese será el mejor de los avales y recomendaciones de nuestra candidatura, del trabajo soñado, de la oportunidad que estábamos esperando.

El currículum social nos puede abrir o cerrar puertas (trabajos). Complementa al currículum tradicional porque puede reforzar, ampliar, mejorar o echar por tierra nuestra imagen y nuestro futuro profesional. Podríamos seguir la «regla de las tres ces» del currículum social: controlar, compartir y comprobar. Controlar lo que publicamos y cómo lo publicamos; compartir contenidos que sean de interés profesional para todos y comprobar que lo que vamos a compartir y publicar sea correcto, no ofenda ni moleste a nadie y que sea de interés para todos. Estas tres claves sugeridas pueden dar ese toque de atracción y de particularidad que necesita nuestra candidatura para lograr el éxito y conseguir un empleo. Pero este tipo de currículum también es una construcción continua y continuada que siempre queda a medio hacer, con piezas por añadir, por lo que es nuestra tarea terminarlo lo mejor que podemos, que sabemos o que nos dejan.

1.4. Un plus más para el currículum: por qué y cómo incluir el trabajo voluntario

No hacer nada por otros es la perdición de nosotros mismos.
Horace Mann

Si hemos dedicado tiempo, ganas y esfuerzo en colaborar con causas altruistas, o hemos participado de forma voluntaria en algún proyecto con algún grupo o asociación, no debemos cometer el error de no incluir ese trabajo voluntario en nuestro currículum como una experiencia profesional más, como una actividad que enriquece y que complementa al resto de las otras. Esta parece ser la conclusión de muchos consultores de selección de personal. El voluntariado se considera como un importante y decisivo valor a la hora de conseguir un empleo. Es mucha la importancia y el valor que los departamentos de recursos humanos de las grandes empresas dan al voluntariado, en parte porque se transmite una serie de cualidades que pueden estar buscando, y en parte porque ese candidato está demostrando su capacidad para ser productivo a pesar de su buena o mala situación laboral.

Mi consejo en este caso, uniéndome al de otros tantos selectores, es el de incluir la experiencia voluntaria en el currículum. Yo mismo siempre lo he hecho en el mío aunque a veces el perfil buscado o la oferta de empleo no coincida o no tenga mucho que ver con el que tú presentes, pero sí que puede ser un factor para desequilibrar la balanza a nuestro favor cuando exista igualdad de candidatos, ya que pensemos y pongámonos por un momento en el lugar del empleador: ¿Elegiremos a aquel que tiene una o varias experiencias como voluntario con lo que ello aportaría a la empresa o a aquel que no ha participado en ninguna y presenta un currículum estándar? Espero que su respuesta sea igual o parecida a la mía. Y es que es tanta la importancia que se da al voluntariado que una red social profesional como Linkedin cuenta con un bloque denominado «Experiencia de voluntariado y causas benéficas» para que los candidatos puedan añadir y mencionar los trabajos no remunerados o asociaciones en las que ha colaborado.

En nuestro currículum es importante dedicar un apartado separado y específico al voluntariado diferenciándolo así del resto porque aunque sea también una experiencia profesional debe tener su lugar en otra parte puesto que no fue remunerada. Lo que debemos escribir en ese apartado de voluntariado es algo sencillo y breve: qué acción o acciones de voluntariado hicimos, en qué lugar, con qué asociación, si fue para un proyecto en particular y los objetivos-resultados alcanzados. Por ejemplo si colaboramos en una recogida de alimentos para enviar a los damnificados por un huracán en x país podemos mencionarlo de esta manera: «21 febrero 2010. Recogida de alimentos en Béjar en varios supermercados para enviar a los damnificados por el huracán Pepito en X. 200 kilos de alimentos. Grupo de diez voluntarios».

Si la asociación o proyecto en el que colaboramos dispone de web o de un enlace donde poder consultar datos o tiene fotos o vídeos es bueno incluir el enlace. Si solo hemos colaborado una o dos veces en actividades de voluntariado podemos incluirlo directamente dentro de la sección «Otros datos/ Información adicional» o como lo tengamos escrito al final del currículum. Y si pertenecemos a alguna asociación pues también mencionarlo. Todo esto suma, de todo esto nada resta.

Hay que advertir o comentar que reflejar esta experiencia no es para que el currículum quede mejor o más bonito, o para que aporte más información sobre nosotros (que también lo es) sino que intrínsecamente está destacando unos valores y cualidades del candidato que siempre buscan las empresas, como por ejemplo la capacidad de trabajo en equipo, el liderazgo, la respuesta a problemas, el compromiso, la tenacidad, la organización o la felicidad. Un estudio realizado por la Universidad de Wisconsin en el año 2015 concluyó que las personas que han realizado actividades solidarias o de voluntariado son más felices, tienen la autoestima más alta, están más comprometidas con lo que hacen y disfrutan de un alto grado de estabilidad en la vida. Otro estudio de la Universidad de Michigan ampliaba estos beneficios del voluntariado para indicar que las personas que dan y que ayudan viven vidas más largas.

Y en el ámbito laboral el voluntariado sin duda nos puede ayudar a conseguir un empleo porque las empresas pueden encontrar un perfil polifacético en los voluntarios. El voluntariado nos enriquece el alma, nos hace más saludables y nos abre puertas para conseguir un empleo, ¿a qué estamos esperando entonces para comenzar con ello o para seguir con más fuerza y dedicación con lo que ya estemos haciendo?

1.5. Currículum oculto e igualdad en la búsqueda de empleo: nuevos modelos para nuevos tiempos

La mente que se abre a una nueva idea
jamás volverá a su tamaño original.
Albert Einstein

El 20 de julio de 2017 el Ministerio de Sanidad, Servicios Sociales e Igualdad suscribió un protocolo con casi ochenta empresas e instituciones públicas para desarrollar el currículum ciego. Entre las instituciones y empresas que se comprometieron a utilizar en el futuro este tipo de currículum en los procesos de selección de personal están el Banco Santander, Endesa, FCC, Fundación Once, el Ayuntamiento de Alcorcón o la Universidad Politécnica de Valencia entre otras.

Aunque en otros países de nuestro entorno como Francia, Alemania, Reino Unido, Suecia o Finlandia llevan ya algunos años utilizando este método de selección, lo cierto es que aparentemente es una buena noticia para aquellas personas que están buscando trabajo porque de este modo, considerando el currículum ciego, no se tendrán en cuenta aspectos que hoy en día pueden ser (y de facto lo son) motivos de exclusión como la edad, el nombre, el género o la foto, valorando únicamente los méritos y las capacidades que refleja el candidato en su hoja de vida.

El objetivo de aquel protocolo fue, según el Ministerio, la promoción del diseño, la implantación y evaluación del *curriculum vitae* anónimo para la selección de personal en las entidades firmantes. En palabras de la propia ministra Dolors Montserrat «ni la edad, ni el nombre ni la foto tienen algún tipo de relación con las capacidades a evaluar de una persona para acceder a la mayoría de los puestos de trabajo", y es por esto por lo que el currículum ciego podría ser capaz de evitar actitudes discriminatorias en relación al candidato o candidata que busca un empleo.

Pese a las voces discordantes y críticas con esta medida (que siempre las hay), lo cierto es que el currículum ciego es algo más impersonal, más neutro, un procedimiento por el que el empleador no se fija en datos como el nombre o la edad o en los rasgos que pueden apreciarse en una fotografía sino que la valía del candidato se mide y se valora por su experiencia profesional, por su bagaje académico o por sus habilidades, cualidades y capacidades que debe saber plasmar y hacer notar lo mejor posible en el currículum que envíe a la empresa. Si en otros lugares y ya en algunas empresas ha funcionado esta forma de selección de personal, ¿por qué no probarla? Si pasado un determinado tiempo sin que haya sido efectiva entonces que se retorne al currículum tradicional y punto. Lo que no se puede es poner en tela de juicio algo sin haberlo experimentado antes y sin haber realizado una evaluación correcta de la efectividad y utilidad del elemento. Ojalá que de verdad sea una herramienta más y mejorada para que las empresas e instituciones puedan encontrar el mejor candidato para un puesto determinado evitando discriminaciones y estereotipos que siempre son perjudiciales. Y aunque se hayan realizado investigaciones que prueban su éxito, como la que realizó el Instituto Alemán para el Estudio del Trabajo, muchos expertos consideran que no se garantiza que desaparezcan determinados agravios ni sesgos a la hora de seleccionar al candidato porque al final se acaba sabiendo quién es y cómo es en la entrevista. De hecho varias asociaciones han indicado que el currículum ciego no es más que un parche, pero que no enfrenta la verdadera raíz del problema de los estereotipos. La postura de la patronal CEOE es la de recordar que son las propias empresas las que deciden por sí mismas a quiénes necesitan para ocupar sus puestos de trabajo basándose en la libertad de contratación.

Vistas y sopesadas todas las ideas y argumentos ahora queda decidir y valorar por cada uno de los candidatos si es una buena medida o si por el contrario no va a aportar nada nuevo. Yo entiendo que puede ser un buen método de selección cuando realmente cumpla esa finalidad, la de seleccionar, y no a la hora de la verdad echarse atrás, poner excusas sin sentido ni motivo o argumentar que estaban buscando otra cosa. Si el currículum ciego sirve para algo más es para no multiplicar procesos sino optimizar los tiempos. Que se puedan falsear, manipular o maquillar datos y cometer errores como sucede ahora por supuesto que puede pasar y estarán a la orden del día, pero en el fondo son intentos de lograr unos procesos de selección de personal lo más justos, equitativos y productivos posible. Desde ahora ya serán las empresas las que tendrán que hacer sus valoraciones y estudios sobre la conveniencia o no de utilizar este método de selección. De momento a seguir creando currículums de éxito y a esperar resultados.

Modelos de currículum ciego (para hacernos una pequeña idea):

1.6. Autocandidatura: el yo me lo guiso yo me lo como del mundo laboral

El noventa por ciento del éxito se basa simplemente en insistir.
Woody Allen

Vamos a detenernos a explicar un método-medio-opción de búsqueda de empleo que, si es bien planificado y desarrollado, puede reportarnos el objetivo marcado: conseguir un contrato de trabajo.

En esta primera parte vamos a explicar qué es y en qué consiste eso de la autocandidatura para continuar comentando los elementos principales de la misma y proponiendo ejemplos prácticos y webs donde autocandidaturizarse.

Vaya por delante decir que este método de búsqueda de empleo no es totalmente efectivo si no le dedicamos tiempo de preparación y de búsqueda y que si lo animamos e incentivamos bien es posible que nos abra nuevas puertas para ofrecernos más oportunidades laborales.

En líneas generales podemos decir que la autocandidatura es el envío de nuestro currículum sin que lo haya solicitado la empresa por ningún medio, es decir que enviamos nuestra candidatura de empleo a una empresa o entidad sin que esta haya publicado ninguna oferta de empleo. El candidato es quien se pone en contacto con la empresa de forma directa, de forma espontánea para comunicarle su intención de trabajar, aportando para ello dos elementos básicos en cualquier proceso de autocandidatura: el currículum (cómo no) y una presentación, la cual puede ser formal a través de una carta, o simplemente hacer un breve apunte en el cuerpo del correo electrónico.

La autocandidatura necesita lo mejor de nosotros, que pongamos todo nuestro empeño en conseguir captar la atención de quien recibe nuestra solicitud de empleo y atraiga y guste tanto que nos ofrezca una oportunidad para explicarnos más ampliamente en la entrevista. La autocandidatura no nos garantiza en ningún caso el trabajo, pero sí que puede aumentar y multiplicar nuestras posibilidades de éxito, eso sí.

¿Qué ventajas se atribuyen a la autocandidatura? Entre otras muchas me gustaría destacar tres de ellas:

- Nos podemos adelantar a futuros candidatos o a necesidades de personal para que la empresa incluya nuestro currículum en su base de datos y pueda así consultarlo cuando surja un puesto acorde con nuestro perfil.

- La autocandidatura implica obtener información y datos sobre una empresa en concreto: su actividad, los perfiles que demanda o los planes de expansión para conocer si pretenden abrir nuevas sucursales, información toda ella que nos puede ser de mucha utilidad si nos llaman para una entrevista de trabajo.

- El envío del currículum puede ser interpretado por la empresa receptora como muestra de interés por la misma, además de reflejar cualidades como la toma de iniciativa y dotes de organización, aspectos bastante valorados por los selectores de personal.

Es por todo ello que la autocandidatura es un buen medio de búsqueda de empleo. Nos permite anticiparnos a otros candidatos, llegar a lugares y espacios donde no podríamos acceder de otro modo (ofertas de empleo ocultas), decir a la empresa quiénes somos y motivar nuestro interés por trabajar con ellos, anunciar cualidades que fortalezcan y apoyen nuestra candidatura y pasar a formar parte de la base de datos de posibles empleados. Entonces, ¿dónde y cómo enviar las solicitudes? Son varios los modos para enviar las solicitudes de empleo: por teléfono, personalmente, a través de carta, por correo electrónico, a través de una *app* o insertando un anuncio de empleo. Para todas estas maneras hay varias cosas a tener en cuenta, hay ciertos requisitos que son importantes de cumplir para lograr el éxito, siempre hay algo que fortalecer o que destacar, aunque algunos de esos puntos importantes y generales son conocer la empresa, saber algo de ella, hacer una lista de empresas por sectores donde queremos enviar la autocandidatura, personalizar el currículum y adjuntar una buena carta de presentación.

Quiero detenerme a explicar ahora las tres cuestiones básicas que debe conocer cualquier candidato que apueste por este medio de búsqueda de empleo: ¿Cómo y a quién enviar? ¿Se debe hacer o no seguimiento de la candidatura?

En cuanto al cómo y al quién es importante hacer una lista de empresas de distintos ámbitos y sectores (o de uno solo) a las

cuales queremos enviar nuestra candidatura. Para ello podemos crear una base de datos en Access o en cualquiera de las soluciones libres como Base (Consultar los capítulos 7 y 8 de mi libro «Ofimática para el empleo» en el cual explico paso a paso cómo crear una base de datos (https://n9.cl/j1nuh). También se puede utilizar una hoja de Excel o aquella forma que considere mejor el candidato. Buscar en Internet o en directorios más específicos son buenos recursos para obtener la información que necesitamos sobre las empresas.

Una vez hecho el listado, ya podemos pasar a la siguiente cuestión: ¿Cómo enviar nuestra candidatura? La recepción de candidaturas por carta postal o entrega en mano no está vigente hoy en día por las leyes y normativas sobre protección de datos. Muchas páginas de empresas tienen incluidas dentro de su web apartados con el título «Trabaja con nosotros», «Empleo», «Envía tu currículum» o similar, un espacio particular en el cual el candidato puede introducir sus datos personales y su currículum o encontrar información relativa a la manera de hacer llegar el currículum a la empresa. Cuando la empresa recibe la información puede archivarla y almacenarla en sus bases de datos de candidatos para cubrir futuras ofertas de empleo. Estos enlaces contienen información del correo al cual enviar nuestro currículum o bien un formulario que debemos completar con los datos solicitados. Como ejemplo del primer caso (información del mail al cual enviar el currículum) les invito que consulten la web de la empresa El Corte Inglés (https://empleo.elcorteingles.es/). Para el segundo caso recomiendo visiten la web del grupo FCC, la cual consta de varias pantallas (pasos) en las cuales el candidato debe completar los campos de información solicitados (https://www.fcc.es/es/personas).

Otro medio de hacer llegar nuestra candidatura a la empresa es escribiendo un correo directamente al departamento de personal. Para ello tenemos que buscar el mail de dicho departamento o bien llamar por teléfono a la empresa para que nos lo facilite. Dentro ya de nuestro correo personal debemos incluir en el cuerpo del correo una breve presentación al estilo de una carta de presentación (motivación, méritos y despedida) y adjuntar el currículum actualizado en formato PDF preferentemente. En el asunto del mensaje debemos mencionar que enviamos una solicitud de empleo o un currículum y tener en cuenta escribir siempre en minúsculas puesto que de otro modo el correo podría acabar dentro de la carpeta SPAM y olvidado entre tantos otros correos no deseados. Para profundizar más sobre el envío de candidaturas por mail visitar: http://goo.gl/fEIi4h. También podemos utilizar algunas de las *apps* de empleo para hacer llegar nuestra candidatura a las empresas. Aplicaciones como Corner Job, Jobtoday, Worktoday y similares son medios más modernos y actuales para acceder a un puesto de trabajo.

Resumiendo, podemos concluir que para la autocandidatura podemos utilizar varios medios de envío: el correo electrónico y las *apps* de búsqueda de empleo. En cuanto al seguimiento podríamos llevar un registro y control de candidaturas enviadas dentro de la base de datos que hemos creado con las contestaciones que vayamos recibiendo de las empresas o bien creando una carpeta específica en el correo electrónico en la cual ir almacenando las candidaturas enviadas y las contestaciones recibidas. Hay que tener en cuenta que siempre que se produzca una modificación importante de los datos del currículum (cambio de número de teléfono, de domicilio, de mail o la obtención de cursos y certificaciones relacionadas con el sector o ámbitos de trabajo de la empresa) es interesante enviar una comunicación a la empresa informando sobre este hecho y adjuntando los nuevos datos o el certificado. También podemos interesarnos por nuestra candidatura cuando hayan pasado seis meses aproximadamente desde que la hayamos enviado y no hayamos recibido ninguna respuesta o contestación al respecto.

Quisiera recomendar a todos los desempleados y desempleadas que estén en búsqueda de empleo y a todos aquellos que están trabajando, pero que quieran un complemento extra, que valoren la posibilidad de publicar un anuncio de empleo (una forma de autocandidatura que se emplea hace bastante tiempo ya). Un anuncio de empleo no es más que una descripción de nuestros méritos y capacidades en relación a un puesto de trabajo concreto, el cual puede ser con contrato o sin él, y que en algunos casos requiere de un acuerdo previo con el empleador sobre el precio a pagar, cantidad que se entiende la mayoría de las veces como una contraprestación de servicios a cambio de una remuneración variable.

Hoy en día estos anuncios tienen su mejor eco y difusión en la Red de redes, pero hasta hace poco eran los periódicos, la radio o incluso la televisión los mejores medios de difusión de la autocandidatura, y aunque se siguen utilizando es Internet el espacio donde más visitas y más contactos puede conseguir nuestro anuncio de empleo. De los periódicos como *Segundamano* (donde hace años aparecían las solicitudes de empleo de muchas personas) hemos pasado a multitud de webs en las cuales podemos insertar nuestros propios anuncios de empleo llegando así a más empleadores, ampliando nuestros potenciales contratadores. Es por ello interesante y conveniente que los candidatos valoren esta posibilidad de empleo, valorando y sopesando todos sus pros y sus contras, todas sus ventajas e inconvenientes, de modo que si optan por la publicación del anuncio en una web este sea lo más adecuado y profesional posible para que nos llamen concertando una entrevista o bien ofreciéndonos directamente un trabajo.

Nuestro anuncio de empleo debe ser lo más productivo posible, tanto para aquel empleador que lo lea y pueda interesarse por nosotros como para nosotros mismos, de modo que ofrezcamos una imagen respetable, responsable y competente. Podemos visualizar y tomar nota de cientos de ejemplos que aparecen en muchas páginas de empleo.

Una página que invito a consultar tanto a los candidatos como a los que ya están trabajando es https://app.guudjob.com/, una web de reconocimiento profesional en la cual se puede valorar y opinar sobre distintos empleados, siendo esta una manera distinta de hacerse más visible o de aportar puntos positivos para nuestra candidatura de empleo. Es una manera de encontrar un punto de diferenciación respecto al resto de candidatos y dar la oportunidad a otros de valorar y puntuar nuestro trabajo, valoración que después puede y debe ser compartida en nuestros perfiles profesionales o incluso en las webs de empleo en las cuales publiquemos nuestro anuncio de empleo, siempre con el objetivo final de conseguir un trabajo. Una web diferente, un reconocimiento diferente, un complemento positivo más que puede ayudarnos a lograr un trabajo.

Para terminar quiero compartir los siguientes enlaces donde pueden acceder a guías y consejos útiles acerca de cómo elaborar y poner en marcha autocandidaturas:

Vamos a intentar desgranar ahora lo mejor posible cómo diseñar y publicar un anuncio de empleo en una página de empleo o en una web de anuncios clasificados que cuente con una sección llamada «Empleo», «Trabajo» o similar.

El anuncio de empleo puede ser una buena herramienta de búsqueda y de acceso al empleo si sabemos cómo captar la atención del futuro empleador y si realmente lo insertamos donde más visitas o accesos pueda tener. Este anuncio no es más que un resumen motivado y argumentado de motivos por los que alguien debe contratar nuestros servicios o necesita de nuestros conocimientos y/o aptitudes o habilidades.

Dicho de otro modo es una manera de «vendernos» para que algún empleador/a se interese por nosotros y quiera contratarnos. El anuncio entonces no deja de ser un reclamo más, una opción más, una oportunidad más para darnos a conocer y que otros conozcan nuestros méritos y capacidades; es abrir una puerta más, es hacerse más público, notorio y visible como demandante de empleo para que otros tantos puedan asegurarse con ese miniresumen que somos el candidato ideal para un puesto en su empresa o para la realización de un servicio o tarea determinada.

¿Qué debemos tener en cuenta a la hora de redactar y de publicar anuncios de empleo? Quizá tenemos que considerar una máxima que asegura que tan importante o más es la forma de decir las cosas como lo que tenemos que decir. Antes de comenzar a redactar el anuncio tenemos que pensar algo más en el resultado, en el objetivo final. Para ello proponemos poner en práctica la «regla COS»: Concisión, Originalidad, Sencillez.

El anuncio debe ser conciso, directo, claro; debe ser capaz de transmitir al posible empleador/a en pocas frases y unas decenas de palabras quiénes somos y lo que ofrecemos. El anuncio debe ser también original, aunque más bien señalaría que tiene que ser también creativo como el currículum, no en el sentido de estrambótico o de original por sí mismo, sino que debe ser capaz de encontrar ese punto de diferencia, ese matiz que destaque del resto de candidatos y que pueda jugar y servir más a nuestro favor, que pueda salirse de la norma pero ser comprensible y aceptable, que pueda incorporar una serie de elementos que capten la atención del empleador/a. Debe ser también sencillo, escrito con palabras comprensibles por todo el mundo, escrito con la capacidad de concentrar en poco espacio todo lo que somos y lo que significamos.

Explora Milanuncios Empleo en Murcia / Administración en Murcia / Recepcionistas en Murcia

BUSCO EMPLEO

RECEPCIONISTA, SECRETARIA, AUX. ADMIN. 

Murcia (Murcia)

Descripción

Ref: 530210737

Soy una profesional altamente responsable, con una destacada facilidad de adaptación a entornos dinámicos.Mi fortaleza radica en trabajar eficázmente en equipos multidisciplinarios, contribuyendo al logro de objetivos comunes.

Para hacernos una idea del contenido que debe tener el anuncio podemos echar un vistazo a los miles de anuncios que se encuentran en muchas páginas como *Milanuncios*, *Tablondeanuncios* y muchas otras, recoger lo bueno y lo menos bueno de cada una, averiguar cuáles de ellos han tenido más visitas, considerar todos los elementos que enriquecen el anuncio (imágenes si las hubiera, enlaces a webs, etcétera) de modo que con todo ese conjunto podamos empezar a diseñar, redactar y publicar nuestro propio anuncio de empleo. Aparte de la regla COS (Concisión, Originalidad, Sencillez) también hay una serie de cuestiones que debemos tener en cuenta para la redacción del anuncio, y entre todas ellas destacamos las siguientes:

- No incluir en el título o en los datos facilitados información falsa, errónea o que pueda llevar a confusión por omisión, inexactitud, incoherencia o similares, máxime cuando lo que buscamos es que el empleador/a se interese por nosotros y nos llame o nos escriba para concertar una entrevista de trabajo.

- Nunca utilizar expresiones que promuevan discriminación sexual, racial, religiosa o de cualquier otro tipo y/o condición ni que supongan ninguna vulneración de derechos o libertades fundamentales. Por lo mismo debemos evitar incluir cualquier contenido que infrinja normas legales de cualquier tipo, que atente contra el derecho al honor o a la intimidad de las personas o que incluya contenidos, mensajes o productos violentos o degradantes.

- Prestar atención para no publicar el anuncio repetido en una misma sección o incluirlo dentro de secciones que no tengan nada que ver como la de «Deportes» o la de

«Coleccionismo» entre otras. Lo que sí podemos hacer, aunque no sea lo más correcto, es aprovechar las categorías en las que se dividen los anuncios clasificados para insertar un anuncio de empleo en aquella que consideremos la más adecuada dependiendo de nuestro currículum o de los sectores y profesiones en las que deseemos trabajar. Esto quiere decir, por ejemplo, que si la página de anuncios cuenta con una sección llamada «Moda mujer» podemos insertar un anuncio de empleo indicando que estamos buscando trabajo como dependienta, modista, costurera o cualquier otro relacionado con el sector de la moda a pesar de que ese anuncio no deba publicarse en esa sección sino en la sección de empleo, pero es aprovechar todas las oportunidades y posibilidades que nos ofrezca la página con el único fin de lograr y conseguir un trabajo.

Terminamos el tema de los anuncios de empleo recordando la sencilla regla COS: Concisión, Originalidad, Sencillez y mencionando algunos consejos y recomendaciones en cuanto a la estructura y el contenido del anuncio de empleo que queremos publicar.

Normalmente un anuncio de empleo se compone de tres partes: título, descripción y datos de contacto. El título es una parte esencial, muy importante, casi tanto como los datos de contacto porque es lo primero que leen aquellos que visitan nuestro anuncio y porque siempre corremos el riesgo de que si el título no es lo suficientemente atrayente ni invita a la lectura perderemos la oportunidad de que nos lean y sepan de nosotros. ¿Cómo publicar entonces un anuncio de empleo que llame la atención? A continuación ofrecemos una serie de sugerencias sobre ello:

- El título debe cumplir la «regla de las tres ces»: corto, claro y conciso. Además debe tener total relación con el contenido del anuncio de empleo: «Albañil cualificado busca trabajo en obras de Salamanca».

• No incluir ninguna información falsa, errónea, equívoca o incompleta que pueda confundir al lector o visitante de nuestro anuncio de empleo.

• Incluir en el título dos o tres palabras clave principales que describan lo que anunciamos. En el ejemplo anterior nuestras tres palabras claves eran albañil, cualificado, Salamanca. La selección de estas palabras clave es un paso importante porque facilitan la búsqueda a los posibles empleadores y además son almacenadas en los metadatos de la propia web para optimizar las búsquedas. Es una forma de facilitar el acceso por parte de terceros a nuestro anuncio.

• Evitar incluir el nombre o la empresa en el título porque realmente no aportan nada al empleador salvo que seamos conocidos o la empresa en la que hayamos trabajado o queramos trabajar sea conocida o tenga repercusión por cualquier motivo (redes sociales, medios de comunicación, televisión, otros...)

• Terminar el anuncio invitando al posible empleador a que realice algo, como por ejemplo a que nos llame o se ponga en contacto con nosotros para ampliar información. Es nuestra última oportunidad para lograr que nos contacten.

• Leer y releer el anuncio de empleo varias veces y ponernos en la piel del visitante o del empleador sopesando lo que está bien o lo que podría ser mejorable del anuncio. Hacer un ejercicio de autoevaluación de nuestro anuncio de empleo e incluso compartirlo con otros de confianza para que puedan opinar sobre el mismo debido a que quizá varias lecturas ofrezcan mejores ideas y argumentos para mejorar el contenido o la presentación. Recordar que el objetivo es que nos contacten para lograr una entrevista de trabajo por lo que debemos utilizar todos los medios, herramientas y técnicas a nuestro alcance para lograrlo.

En cuanto al contenido del anuncio:

- Explicar e incidir en lo que nos puede diferenciar con el resto de candidatos de un mismo sector, profesión o actividad, al igual que intentamos hacerlo cuando creamos y diseñamos nuestro currículum en papel, intentando marcar la diferencia con el resto de personas desempleadas.

- Utilizar un lenguaje sencillo y cercano que motive al lector de nuestro anuncio a que nos llame o nos escriba, pero tampoco parecer demasiado pesado. El término medio, con educación y buenas palabras, es el punto intermedio que debemos lograr y plasmar en nuestro anuncio.

- Mencionar ciertas capacidades destacadas, aquello que señalamos cuando escribimos los datos de interés en el currículum en formato papel: carnets que se tienen y en vigor, idiomas y nivel según el Marco Europeo Común de Referencia para las Lenguas (Nivel A1, A2, B1, B2...), otro tipo de conocimientos, etcétera. Siempre va a ser información adicional que nunca estará de más que aparezca de algún modo y que puede añadir puntos favorables para nuestra candidatura.

• Insertar determinadas imágenes siempre que estas sean adecuadas y positivas para el anuncio, al igual que incluir cuentas en redes sociales si creemos que van a aportarnos puntos positivos en el anuncio. Tampoco se trata de difundir nuestra vida, sino de conseguir trabajo.

• Especificar, si así lo hubiere, alguna circunstancia especial para trabajar, como por ejemplo «Solo disponible los fines de semana». Aunque esto pueda perjudicar nuestra candidatura porque habrá muchos empleadores que no nos llamen, lo cierto es que de esta forma daremos imagen de profesionalidad siendo sinceros y además podremos centrar nuestro anuncio en aquellas personas que de verdad estén interesadas por nosotros.

Tablondeanuncios.com > Ofertas de empleo y Trabajo > Trabajo Comercio > Comercio en Jaén

CAJERO/REPONEDOR SUPER-HIPERMERCADO

Publicado hoy 10:14 en el **Tablón de Anuncios de Baeza** Salario a convenir

Localidad: Baeza, Provincia: Jaén

Tipo de contrato: Tiempo Completo

Hola, me ofrezco para cajero/reponedor/departamento de panadería y pastelería en supermercados e hipermercados (Aldi, Día, Más y Más, Alcampo, Carrefour, Mercadona, Lidl, Ama, El Corte Inglés). Cuento con experiencia al público en hostelería y hotelería. A jornada completa. Turno indiferente. Para saber más sobre mi vida profesional llamada o WhatsApp y también disponible para concertar entrevista o videoentrevista. #loconsigo #lopersigo #lomanifiesto #lodecreto. Demandas de empleo en tablondeanuncios.

Y para terminar algunos consejos sobre los datos de contacto:

• Comprobar que los datos incluidos sean correctos. Escribir al menos un correo electrónico válido y adecuado para que se puedan poner en contacto con nosotros si por la razón que sea no nos fiamos o no queremos hacer público nuestro teléfono, aunque la mayoría de anuncios sí que lo incluyen porque es un medio más rápido y con muchas más posibilidades que las que pueda ofrecer el correo electrónico hoy en día.

- Hay páginas que permiten la creación del currículum y adjuntarlo directamente al anuncio de empleo. En este caso debemos asegurarnos de completar los campos con la información correcta, recordando adaptar lo mejor posible dicho currículum al trabajo que estamos buscando.

En uno de los capítulos de mi libro *Búsqueda de empleo a través de Internet* (https://n9.cl/6aepz) explico paso a paso cómo insertar un anuncio de empleo. A continuación les dejamos los enlaces a páginas web de anuncios donde pueden consultar ejemplos y, si así lo desean, publicar sus propios anuncios de empleo, recordando que deben buscar la sección «Publica tu anuncio gratis», «Pon tu anuncio» o textos similares y hacerlo en la sección que tiene como nombre «Trabajo», «Empleo» o parecidas.

Acerca de la eficacia o utilidad de este medio de búsqueda de empleo puedo hacer una mención personal e indicar que en mi caso sí que me ayudó y facilitó en su tiempo la obtención de algunos trabajos y sí conozco casos de personas que están trabajando o han estado trabajando gracias a la publicación de uno de esos anuncios en las páginas de empleo.

1.7. La entrevista de trabajo, un último examen antes de conseguir el esperado contrato

Nunca hay una segunda oportunidad
para una primera impresión.
Óscar Wilde

Superado el filtro importante del currículum la empresa se puede poner en contacto con el candidato para citarle a una entrevista donde ampliar y conocer de primera mano quién es, qué ofrece y qué cualidades tiene para ocupar el puesto de trabajo que ofrecen.

Ya hemos comentado con anterioridad la importancia de presentar un buen currículum, de adaptarlo a la oferta, de cuidarlo en todos los detalles. Y esto mismo lo podemos aconsejar también para la entrevista de trabajo, el último escalón, si cabe, para lograr el objetivo deseado del contrato. Vamos a comentar algunas de las consideraciones más importantes sobre la entrevista, de manera que nuestra preparación sea lo más adecuada y óptima posible para afrontar y superar con éxito este último reto, este último examen que si se aprueba conllevará el objetivo cumplido y la satisfacción personal por conseguirlo.

La entrevista de trabajo consiste básicamente en un tú a tú con el selector de personal, con la persona de recursos humanos de la empresa o con cualquier otra en la que delegue el departamento encargado de las contrataciones, en la cual se espera conocer mejor al candidato, no solo físicamente (puesto que en la foto no se aprecia del todo) sino también en el comportamiento, en la forma de expresarse, en el tono comunicativo y en la explicación de sus méritos y cualidades (el lenguaje verbal y no verbal del candidato). Puede darse el caso de que haya varios entrevistadores para un único candidato o que las entrevistas se realicen en grupo, por eso debemos estar preparados y concienciados para cualquier contingencia que se presente. Por otro lado, los modernos medios de comunicación están facilitando y simplificando la labor a muchos selectores de personal cuyas entrevistas también pueden realizarse a través de herramientas y aplicaciones informáticas como Whatsapp, Teams o acudiendo a aplicaciones como Jobtoday y similares, por citar solo algunos ejemplos.

La entrevista es el *sprint* definitivo para llegar con éxito a la meta. Todo lo que hemos trabajado antes, nuestros esfuerzos, nuestros quebraderos de cabeza, nuestro tiempo dedicado para conseguir lo mejor no valen de nada si no podemos superar con éxito la entrevista. El trabajo realizado quedará para el recuerdo, pero ante el fracaso, ante la no selección siempre debemos hacer evaluación de todo aquello que nos ha debilitado, los errores que hemos cometido, los fallos que no hemos evitado o hemos pasado por alto y las dificultades que nos han ido poniendo trabas y obstáculos en el camino. Esa evaluación de lo positivo y de lo negativo nos procurará mejores elementos y buenas decisiones para futuras entrevistas.

Entre los aspectos más importantes que consideramos para llevar preparada y superar con éxito una entrevista de trabajo están los siguientes:

- *Conocernos y conocer a los otros*. Este aspecto se basa principalmente en la importancia de sabernos de memoria y ser capaces de explicar y de desarrollar aquello que hemos escrito en el currículum y conocer la empresa para la cual vamos a realizar la entrevista (origen, filosofía, empleados, ideas más representativas, ubicación, tipo de trabajadores, etcétera). El conocernos a nosotros mismos y conocer lo mejor posible a la empresa para la cual queremos trabajar es un elemento imprescindible para afrontar con garantías una entrevista de trabajo o para equivocarnos lo menos posible ante la prueba y el entrevistador. Otra cuestión son el tipo de preguntas que se realicen o las explicaciones que nos solicite, pero a ese tema le dedicaremos su propio apartado más tarde. Como complemento de todo lo explicado con anterioridad también resaltar el ser uno mismo, no fingir un papel, no actuar coaccionado o determinado por las circunstancias de la prueba o del momento, puesto que siendo nosotros mismos, aceptándonos como somos, entendiendo que la entrevista es simplemente un paso más, quizá acudiremos con la calma, la tranquilidad y la confianza que la situación de por sí merece porque el primer paso, el más complicado, aquel que la mayoría de candidatos no supera, nosotros sí lo superamos y por eso estamos convocados por la empresa para que les mostremos y demostremos que somos el candidato ideal para ese puesto de trabajo que ofertan. En este sentido podríamos hablar de la «regla de las tres coes»: Conocimiento (propio y de la empresa), Competencia (demostración de cualidades) y Confianza (saber ser y saber estar).

• *Puntualidad y formalidad marcan tu diferencia.* En este punto nos referimos principalmente a dos cuestiones de trascendencia en una entrevista de trabajo: la vestimenta y el tiempo. Es conveniente llegar unos minutos antes de la cita para la entrevista (entre cinco y diez minutos) cuando esta sea de tipo presencial. Antes de acudir al lugar hay que saber dónde está situado y las opciones para llegar. Es preferible hacer viajes de prueba con anterioridad para calcular el tiempo que se tarda y no llevarte una terrible sorpresa el día clave. En cuanto a la vestimenta es imprescindible cuidar la imagen y el aspecto personal general. Hay que vestir adecuadamente en concordancia con la propia personalidad y con el puesto de trabajo sin extravagancias. El dicho «vestir informal a la par que elegante» aquí debe aplicarse en su mejor expresión. Lo importante en este caso es transmitir una imagen de profesionalidad acorde con los conocimientos y habilidades que debemos demostrar.

• *Participar y comentar todo es empezar.* La cortesía y la etiqueta también son un punto importante durante las entrevistas. El saludo debe ser cortés, estrechando la mano de manera firme y segura. Debemos escuchar activamente al entrevistador. Es él quien lleva la entrevista, pero nosotros debemos aprovechar las oportunidades que se presenten para hablarle sin ofenderle ni molestarle. Siempre debemos dirigirnos al entrevistador de usted, expresarnos de manera clara y adecuada; no hablar demasiado rápido ni hacer juicios de valor; emplear verbos de acción y utilizar palabras como reto, experiencia, futuro, compromiso, eficacia y objetivos; hablar con respeto de trabajos y de compañeros anteriores sin criticarlos; destacar lo mejor posible todos nuestros puntos fuertes; no gesticular de manera exagerada; mirar al interlocutor y no parecer ausente; buscar la concordancia entre la expresión verbal y el lenguaje corporal; transmitir seguridad y naturalidad al entrevistador; no cruzar nunca los brazos; solicitar información respecto a cómo continuará el proceso de selección una vez finalizada la entrevista; agradecer la oportunidad y reiterar nuestro interés por conseguir el puesto de trabajo son algunas orientaciones y consejos que podemos considerar a la hora de afrontar nuestras entrevistas de trabajo.

Ahora queremos focalizarnos en compartir algunas ideas acerca de una de las partes más angustiosas y estresantes de las entrevistas de trabajo, como es la contestación a las preguntas que el entrevistador nos realice.

Antes de comenzar queremos indicar que no existen reglas predefinidas para ello, máxime cuando nuestra contestación dependerá de multitud de factores y que cada demandante y cada entrevistador es un mundo, sumado todo ello al hecho de que no hay dos entrevistas de trabajo iguales; pueden ser similares, parecidas, sí, pero no iguales, aunque en ellas los candidatos sí que tienen y deben tomar nota de los errores cometidos en el transcurso de la misma y analizar su comportamiento verbal y no verbal para mejorarlo o perfeccionarlo de cara a futuras oportunidades de selección.

Las siguientes sugerencias se dirigen a enfocar ese preciso momento de la respuesta y que muchas veces no sabemos muy bien cómo afrontar ni cómo actuar ante ellas. Tras unas recomendaciones de tipo más general a continuación seleccionaremos algunas de las preguntas que se pueden realizar en la entrevista y orientaremos sobre los posibles enfoques para las respuestas.

Las recomendaciones generales para la entrevista de trabajo son las siguientes:

- Transmitir al entrevistador que la oferta de trabajo es una de nuestras metas a corto plazo y que estamos muy interesados en trabajar, pero sin parecer pedantes ni tampoco desesperados.

- Nunca hablar mal de jefes, de compañeros o de empresas anteriores. No vamos a ganar nada con ello sino más bien podemos echar al traste todo el trabajo anterior. A este respecto intentar explicar al entrevistador los aprendizajes y experiencias positivas de puestos anteriores y que pueden aplicarse a la nueva oferta de empleo, es decir, explicar cómo aprendimos de los errores del pasado para no repetirlos en el presente comentando algunos ejemplos de cómo nos cambiaron esos errores que cometimos.

• Ajustar lo máximo posible nuestras respuestas al puesto de trabajo por el que optamos enfatizando los logros y habilidades en relación a ese puesto en concreto.

• No mostrarnos desesperados (aunque a veces por desgracia así sea). Lo que debemos comunicar y transmitir al entrevistador es nuestro interés y entusiasmo por la oferta de empleo y las oportunidades y nuevos retos que van a aportar a nuestra vida. Hay un adverbio que podemos utilizar a este respecto: «más», el cual nos reforzará esa idea de que el puesto de trabajo ofertado nos aportará *más* conocimientos o *más* responsabilidades por ejemplo.

• Explicar los logros profesionales en relación a una vida personal adecuada y feliz. La relación profesionalidad-vida privada está muy ligada con el hecho de que muchos entrevistadores desean conocer más en profundidad al candidato o candidata en su faceta o en su entorno más íntimo y personal: cómo es en las distancias cortas, qué aficiones tiene, etcétera.

• Poner el énfasis en una serie de características que son muy bien valoradas por las empresas: entusiasmo, seguridad en sí mismo, responsabilidad, honestidad, capacidad de adaptación, etcétera.

• Ante preguntas difíciles, tomarse el tiempo necesario para responder evaluando y teniendo en cuenta los pros y los contras de las elecciones que se vayan a tomar.

A este respecto de las preguntas difíciles queremos comentar algunas de ellas como ejemplo y la manera de poder contestarlas:

- ¿Qué es para ti el trabajo?

Ante esta pregunta se recomienda incidir en el hecho de que el trabajo es bastante más que ganar dinero, que es una forma de autorrealización personal, de aprendizaje, de aportación a la sociedad, etcétera. En este caso el entrevistador quiere conocer cuáles son las prioridades del candidato y con ello si da más importancia a la vida profesional, a la vida familiar o a las dos por igual.

- ¿De qué te arrepientes o te avergüenzas?

En este caso la pregunta tiene ese matiz de sonsacar al candidato algún defecto escondido, por ello es interesante llevar algo ya preparado y contestar con naturalidad evitando que esa respuesta pueda comprometernos de alguna manera.

- ¿Por qué ha cambiado de trabajo tan a menudo?

El entrevistador desea saber si somos personas de mal asiento y no ofrecemos estabilidad ni continuidad. Podemos acudir entonces a respuestas del tipo cambié por cuestiones de horario, por cercanía al domicilio, por desarrollo profesional, etcétera. Debemos destacar el hecho de que el haber trabajado en varias empresas puede significar más facilidad de adaptación a nuevas situaciones o circunstancias laborales.

• ¿Por qué quieres ocupar un puesto inferior a tu experiencia o formación?

La respuesta a esta pregunta pasa por resaltar en que representa un doble beneficio tanto para la empresa como para nosotros mismos, que nos puede facilitar el conocimiento de un sector o profesión determinados que de otra manera no podríamos, o explicar cómo el trabajo complementaría nuestras experiencias y trabajos anteriores. Podemos explicar que ese puesto es justo lo que estamos buscando, lo que nos motiva, lo que hemos querido hacer desde siempre.

• ¿Por qué debo contratarle?

La respuesta aquí debe basarse en resaltar nuestros puntos fuertes, lo que nos diferencia de otros candidatos y apostar por prestar nuestra colaboración en la resolución de incidencias en la empresa como un buen punto a nuestro favor.

• ¿En alguna ocasión estuvo en desacuerdo con un superior? ¿Qué pasó?

Esta pregunta se dirige a evaluar el grado de conflictividad del candidato, y lo más recomendable es resaltar nuestra total capacidad para asumir las diferencias de criterio y la apuesta por el diálogo y la comunicación con el fin de encontrar la mejor solución para ambas partes.

• ¿Qué hace cuando tiene dificultades para resolver un problema?

Analizar y planificar una acción son los pasos más habituales para su resolución, reconociendo que si hace falta pedir ayuda la vamos a pedir.

En resumen podemos decir que en la entrevista debemos responder con naturalidad y responsabilidad, destacando nuestros puntos fuertes siempre, haciéndonos valer pero sin pasarse, expresándonos de la manera más adecuada utilizando un lenguaje corporal y verbal acorde con la situación y el momento, mostrándonos relajados y dialogantes como nadie, siendo los candidatos perfectos para ese puesto de trabajo soñado. Ahora ya solo está en nuestra mano el éxito.

Como complemento de lo explicado aconsejamos a los candidatos e interesados que visiten las siguientes páginas web en las cuales van a encontrar diversos simuladores de entrevistas, una herramienta que puede ayudarles a practicar esta prueba:

Otras páginas de interés y de consulta acerca de las entrevistas de trabajo:

1.8. El currículum, primer paso hacia el éxito. Claves y consejos

El trabajo que nunca se empieza
es el que tarda más en finalizarse.
J. R. R. Tolkien

El **currículum** es el principal y más importante medio para obtener una entrevista de trabajo, requisito previo para una posible contratación. Si bien el currículum por sí solo podría ser suficiente para que los empleadores conozcan nuestros méritos y cualidades, lo cierto es que es un primer paso para conseguir el objetivo marcado (un contrato de trabajo), y por ello debemos cuidarlo y prestarle la mayor atención como a ninguna otra herramienta de búsqueda de empleo.

Queremos ofrecer algunas claves y consideraciones que podemos tener en cuenta tanto cuando vayamos a realizar nuestro currículum como cuando lo entreguemos o enviemos a las empresas para responder a una oferta de trabajo.

- *No existe el currículum perfecto.*

Esta es una consideración inicial clave que puede aliviarnos en parte puesto que los modos y las formas de realizar y de presentar el currículum van a estar influenciados por el tipo de trabajo, la empresa, las condiciones de la oferta de empleo o simplemente por las recomendaciones que podamos haber consultado de otros candidatos que enviaron con anterioridad su solicitud de trabajo.

• *La presentación es la clave.*

El reclutador o selector de personal que reciba nuestro currículum apenas dispone de unos pocos segundos (lo que se conoce como el *eye tracking* del reclutador) para decidir si nuestro currículum pasa el primer filtro o ya es desechado de un primer vistazo; por ello el currículum debe ser atrayente a la vista, fácil de leer, ordenado, breve y bien esquematizado. En este punto es interesante que echemos mano de originalidad y de creatividad de manera que nuestra presentación se diferencie de otras, que destaque más, que pueda ser más considerada por el reclutador para pasar ese primer filtro tan decisivo. Pero esa originalidad debe ser una originalidad elegante, formal, profesional y acertada. Tampoco hay que hacer grandes ejercicios de diseño sino que el currículum esté lo mejor presentado posible y que atraiga la atención del selector que le va a echar un vistazo.

Recomiendo un artículo interesante sobre este punto:

• *Adaptar el currículum a la oferta.*

Cada oferta de empleo es ya diferente de por sí, de modo que no es conveniente enviar o entregar el mismo currículum para todas las ofertas de empleo que encontremos. Debemos construir nuestro currículum siguiendo las exigencias y requisitos de la oferta de empleo, enfatizando y destacando las competencias o habilidades que tienen relación con el puesto ofertado y eliminando aquellas que no aportan nada para nuestra candidatura. El currículum necesita dedicación y atención. Cada uno de ellos debe ser como un bloque de barro que tenemos que adaptar a las exigencias de la oferta o de la propia empresa. Enviar el mismo currículum para todas las ofertas va a ser contraproducente y negativo para nosotros. Es mejor dedicarle algo más de tiempo cuando la recompensa es la que queremos. Por ello es necesario que contemos con varios currículums adaptados según la experiencia profesional (la cual podemos ordenar por sectores o temáticas por ejemplo), y elegir el que sea más apropiado de enviar a la oferta o a la empresa.

• *Cuidar las faltas de ortografía.*

Un currículum debe ser revisado ortográficamente para que no se nos cuele ninguna falta por ahí, pues eso podría significar el descarte y la eliminación casi inmediata de nuestra candidatura, pues para un reclutador o selector de personal no prestar atención a este aspecto tan importante del lenguaje es motivo suficiente para el rechazo del candidato; por eso hay que prestar mucha atención y cuidado a lo que escribimos y cómo lo escribimos, y en caso de dudas siempre podemos acudir a multitud de lugares y de espacios donde nos las pueden resolver, pero nunca deberíamos entregar ningún currículum con faltas de ortografía porque seremos rechazados de manera casi inmediata.

• *Mencionar nuestra presencia on-line.*

En el mundo de las tecnologías es imprescindible estar al tanto de ellas, lo que denota actualización e interés por lo más actual o, dicho de otro modo, estar a la última. Además de mencionar en nuestro currículum la dirección de correo electrónico (que por cierto debe ser lo más profesional posible, evitando direcciones como «ninamala21@gmail.com»), también se recomienda encarecidamente como un aporte que dará más valor a nuestra candidatura, que incluyamos los perfiles o los usuarios que tengamos en redes sociales, pero siempre y cuando esa presencia en las redes no nos perjudique. Me explico: si por ejemplo en Facebook tenemos un perfil en el cual subimos fotos, vídeos o comentarios de todo tipo y condición debemos entonces valorar si el contenido de ese perfil es beneficioso para nuestra candidatura o si por el contrario nos puede perjudicar, puesto que muchos reclutadores de personal realizan prospecciones on-line no ya como medio para conocer y fichar nuevos candidatos, sino también para conocer un poco mejor a los que ya tienen o pueden tener. Por eso decimos que incluyamos solamente los perfiles sociales si son aptos para nuestra candidatura. Si no, directamente es mejor no ponerlos.

Además es interesante que aparte del currículum tradicional al menos dispongamos de un currículum 2.0, lo cual no significa otra cosa sino mostrar nuestros méritos en la Red, ya sea a través de una página web, un blog, una presentación virtual en páginas como Linktree u otras posibilidades que iremos comentando.

En resumen: buena presentación, adaptación del currículum a la oferta de trabajo, prestar atención a las faltas de ortografía y mostrar nuestra presencia on-line —si es conveniente— son algunas de las claves que quizá aporten más valor a nuestro currículum respecto al de otros candidatos y podamos así superar ese primer filtro que ya hemos comentado.

Continuando con el tema del currículum no está de más volver a insistir en su importancia como herramienta principal de búsqueda de empleo, ya que en la mayoría de las ocasiones es nuestro primer contacto con la empresa, nuestra mejor tarjeta de presentación, muchas de las veces nuestra única oportunidad para que la empresa decida si quiere conocernos más en profundidad en la entrevista y contratarnos o bien enviar nuestra solicitud a la papelera (de reciclaje). Es fundamental dedicar tiempo y trabajo a elaborar un buen currículum, lo que no quiere decir ser pretencioso sino más bien buscar el equilibrio ideal entre lo que la empresa necesita saber de nosotros y cómo lo quiero plasmar yo como candidato en esos soportes, puesto que hoy en día el papel no es sino un soporte más entre otros tantos.

A continuación queremos compartir otra serie de recomendaciones o sugerencias para tener en cuenta a la hora de elaborar y presentar nuestro currículum a las empresas o ante los reclutadores de personal.

- *Actualizar el currículum.*

El currículum que presentemos debe estar lo más actualizado posible, incluyendo los últimos trabajos y las funciones desempeñadas, los últimos cursos realizados (siempre que tengan relación con el puesto de trabajo al que optamos) y cualquier otro mérito que consideremos sea positivo y aporte valor a nuestra candidatura (en este punto podemos recomendar por ejemplo la participación en temas de voluntariado como la colaboración en causas benéficas o solidarias). El modelo de currículum que prefieren las empresas es el llamado *cronológico inverso funcional*, el cual debe destacar en orden cronológico descendente (de la más actual a la más antigua) las fechas de ocupación haciendo mención además a las funciones desempeñadas en cada uno de los puestos. ¿Pero qué sucede cuando llevamos varios años sin trabajar o hay demasiado espacio entre un empleo y otro? Lo mejor en ese caso es organizar el currículum por sectores de actividad o por temáticas, indicando el tiempo (en años mejor) que se ha trabajado y mencionando a continuación cada uno de los puestos desempeñados con sus funciones. El currículum actualizado será siempre un punto a nuestro favor; cuanto más actual se envíe mejor consideración tendrá.

- *La extensión sí que importa.*

Hay un acuerdo más o menos aceptado por orientadores y expertos en temas laborales de que la extensión ideal del currículum no debe ser mayor de dos páginas, pero ¿qué ocurre cuando nuestra trayectoria vital y profesional ocupa un espacio mayor a dos páginas? En este caso debemos seleccionar lo más importante y representativo para la candidatura de empleo, adaptando el currículum a la oferta de trabajo o a la empresa, como ya explicamos con anterioridad. Ningún selector de personal va a dedicar más tiempo del necesario a ver nuestro currículum por lo que tiene poco sentido enviar uno de seis páginas porque corre el riesgo de ser rechazado de manera casi inmediata, salvo que tengamos que completar un formulario o cuestionario en el cual sí que nos soliciten la inclusión de todos los méritos (esto ocurre por ejemplo para determinadas bolsas de empleo o en ámbitos de educación superior, entre otros). Dos páginas es una extensión más que correcta para sintetizar nuestra trayectoria y que el selector decida si continúa con el siguiente paso o nos declara no aptos para el puesto. Para lograr que nuestro currículum no sobrepase las dos páginas podemos jugar con los tipos y tamaños de letra, con los márgenes, con los subrayados o resaltados y con otros elementos igual de provechosos con los que cuentan los programas de edición de textos como Microsoft Office Word o Writer entre otros muchos. (En el capítulo número tres de mi libro *Ofimática para el empleo* explico paso a paso cómo se puede realizar un *currículum vitae* en Word. Para más información:

- *Foto o no foto, he aquí la cuestión.*

La inserción de la foto en el currículum es uno de los aspectos más delicados y cuestionables del mismo. Hay muchos detractores y otros tantos partidarios. Son variadas las razones a favor y en contra de la foto, pero lo cierto es que la tendencia va por otros caminos. En algunos países europeos como Francia, Alemania, Reino Unido, Finlandia o Suecia algunas empresas solicitan el currículum ciego o anónimo, el cual consiste simplemente en un currículum sin datos personales de ningún tipo, ni por supuesto la foto (de modo que se evita la discriminación por cualquier motivo), y que únicamente contempla la experiencia profesional, la formación académica y otros méritos del candidato. En España ya existen propuestas para que se incluya este tipo de currículum en los procesos de selección, pero el camino aún es largo y no está exento de dificultades. Para aquellos que optan por el currículum tradicional hay que señalar que la foto solo debe incluirse si favorece nuestra candidatura, si aporta un determinado valor para la misma, si es un elemento diferenciador sobre otros candidatos, si se solicita en la propia oferta de empleo o si

vamos a enviar la solicitud a una bolsa de empleo de determinados sectores como la moda o el sector de la figuración o el cine, por ejemplo. En el resto de casos no es obligatorio ni necesario incluir la foto puesto que puede perjudicarnos más que ayudarnos. Si finalmente decidimos incluir la foto debemos tener en cuenta varias cosas: que sea reciente, de fondo blanco preferiblemente, que nuestra postura sea correcta, que el lenguaje verbal intrínseco a la foto sea atrayente, nunca fotos de perfil o de medio cuerpo, con actitud asertiva hacia quien nos estará viendo, que comunique o exprese algo, que haga realidad el famoso dicho de que una imagen vale más que mil palabras, resumen de lo que significa o debe significar la foto en el currículum.

• *El nombre dice mucho de ti.*

En este punto nos referimos principalmente al instante en que enviamos nuestro currículum a través de correo electrónico, ya sea por medio de la autocandidatura o como respuesta a una oferta de trabajo. Es importante también cuidar el nombre del archivo con el que presentamos y enviamos el currículum a las empresas, ya que por una parte facilitamos a la propia empresa la búsqueda de candidatos y por otro podemos incluir el sector o la profesión para la cual enviamos el currículum. Un ejemplo de nombre de archivo para enviar sería «IvánParro-Comercial» o «Parro-Camarero» o fórmulas similares, de modo que incluyamos el nombre o el apellido y a continuación la profesión o el sector. También es importante saber que el envío del currículum será preferentemente en formato PDF. Este es un formato universal que es más fácil de leer que otros formatos de texto. Un buen nombre de archivo nos diferenciará del resto de candidatos y facilitará el trabajo de selección y de búsqueda a la empresa.

• *Conocer el currículum al dedillo para no hacer el pardillo.*

Esta recomendación se explica casi por sí sola ya que aquel candidato o candidata que no sepa lo que ha incluido en su hoja de vida lo tendrá más complicado para superar la siguiente fase, la entrevista de trabajo, momento en el cual se solicita al candidato las explicaciones y aclaraciones pertinentes sobre su currículum demostrando así que lo conocemos al dedillo, que no hemos incluido nada suplementario o que no podamos justificar y que los datos que hemos reflejado en el mismo son veraces y correctos. Conocer el currículum es la mejor garantía de éxito en la posible entrevista, la última etapa, el último paso, el último y quizá definitivo *sprint* para conseguir el objetivo marcado y deseado: un contrato de trabajo.

1.9. Redactar y presentar un currículum con poca o sin experiencia laboral

La experiencia es lo que te queda
cuando no obtienes lo que quieres.
Y la experiencia es a menudo lo más valioso
que tienes para ofrecer.
Randy Pausch

Un momento del año donde se multiplican las ofertas de trabajo es el periodo navideño, en el cual muchas empresas y establecimientos aprovechan el tirón en ventas que pueden conseguir. Son días de mucho ajetreo y de preparativos. Se acaba el año, se quiere quedar con la familia, se pretenden los mejores deseos y el consumismo de ciertos productos llega hasta límites a veces incomprensibles.

Y en esta coyuntura muchos obtienen unos ingresos extra con trabajos temporales en diversos puestos; otros esperan conseguir su primer trabajo remunerado y cotizado, y así se produce una especie de sinergia y conexión entre compradores-vendedores, empresas-trabajadores, que quizá aparezca pocas veces de nuevo durante el resto del año.

Quisiera compartir algunos elementos, propuestas y consejos dirigidos a todos los que están en busca de su primer empleo y además no cuentan con la experiencia suficiente para plasmarla en su currículum, en su candidatura, y también explicar cómo se gestiona o se puede plasmar esto, de manera que nuestro currículum sí que entre a formar parte de los elegidos para el proceso de selección de personal de una empresa.

Antes de nada queremos resaltar el hecho de que aunque no se tenga experiencia laboral el candidato igualmente puede presentar su solicitud de empleo. ¿Pero cómo hacerlo? En este caso el candidato debe destacar y resaltar aspectos como la formación, la experiencia como voluntario (si se tuviera), las referencias o algunas de las competencias adquiridas.

Otros aspectos donde incidir serán el objetivo o los intereses laborales, los trabajos esporádicos o a tiempo parcial y actividades extracurriculares si las hubiera. Junto con el currículum con poca experiencia profesional o sin ella, podríamos incluir una carta de presentación-motivación, en la cual sepamos transmitir a la empresa a la que nos dirigimos un resumen de nuestras cualidades y potencialidades más importantes y que serán aquellas que mejor coincidan también con las de la empresa.

Concluimos con una serie de consejos más generales para la realización y/o presentación del currículum.

- *Adaptar el* currículum *a la oferta de trabajo.*

Este requisito es el mismo se tenga experiencia o no, pero es fundamental para el buen éxito de nuestra candidatura. Debemos escoger entre todos nuestros méritos y cualidades aquellas que mejor encajen o más se relacionen con el puesto de trabajo al que pretendemos optar, excluyendo en la medida de lo posible todo aquello que poco o nada tenga que ver con la oferta. A veces menos (si es pertinente y está destacado y bien explicado) en este caso es más.

- *Una sola página es suficiente, no más.*

Y separada por apartados como en el currículum tradicional: datos personales, objetivos e intereses, formación, idiomas, competencias, logros e intereses personales, referencias y otros datos de interés.

• *Seleccionar un tamaño y tipo de fuente apropiado.*

En este caso lo mejor es un estilo formal y elegante, fácil de leer, agradable a la vista, y que denote profesionalidad, de tamaño justo sin ser exagerado, pero tampoco mezquino. En algún caso se puede utilizar otro tipo de letra diferente para separar y destacar los bloques o apartados en los que dividamos el currículum.

• *Cuidar la ortografía y la redacción.*

Este punto es importantísimo, puesto que si el lector/a del currículum observa faltas o vocabulario inadecuado puede eliminar y desechar de manera fulminante e inmediata nuestra candidatura de empleo. Debemos hacer todo lo posible para que esté bien redactado y puntuado. Esto no suele sumar, pero nos asegura la continuación en la lectura y revisión.

• *Ponerse en la piel del reclutador.*

En este punto podemos hacer el ejercicio de ser nosotros mismos quienes recibamos el currículum y saber qué nos gustaría que apareciera y cómo, qué sensaciones nos gustaría que transmitiera el candidato y todo ello aplicarlo a nuestro propio currículum.

• *Usar el poder de las redes sociales en nuestro beneficio.*

Nunca mencionemos cuáles son nuestros perfiles si no son profesionales, mas si lo son aprovechemos todo su potencial, pidiendo incluso a alguno/a de nuestros contactos que lo muevan, lo compartan y lo difundan también entre sus propias redes, lo que quizá nos proporcionará seguramente publicidad y visibilidad.

1.10. *Consejos y recursos para la búsqueda de empleo: la entrevista*

Más confío en el trabajo que en la suerte
Proverbio latino

Consideramos la entrevista como el *sprint* final de todo el proceso de búsqueda de empleo, el que decidirá finalmente si logramos el puesto de trabajo o no.

Se habla mucho sobre la importancia de cuidar nuestra imagen *online*, de promocionar adecuadamente nuestra marca personal, de contar con un buen currículum adaptado y atractivo, que llame la atención, pero todo lo expuesto de nada vale si no hacemos una buena entrevista *face to face*, pues es el último eslabón que nos llevará hacia el éxito o nos condenará al fracaso para volver a intentarlo.

Al igual que hemos incidido en recordar e insistir sobre la importancia y la necesidad de dedicarle tiempo, esfuerzo y ganas a cuidar la marca personal o a tener un buen currículum, lo cierto es que todo esto también se puede aplicar a la entrevista, por lo que debemos prepararla lo mejor posible. Para ello podemos practicar, fijarnos en otras entrevistas de trabajo y recoger todos los consejos relacionados con las preguntas que nos puedan hacer y las posibles respuestas. Todos estos recursos nos ofrecerán claves, ideas y recomendaciones para que la entrevista sea superada convenientemente y podamos conseguir el trabajo.

Queremos compartir y recordar algunos de los consejos más importantes referidos a la entrevista, con algunas sugerencias de enlaces donde poder ampliar o profundizar en este tema.

- *La mejor táctica es la sinceridad.*

No debemos fingir o actuar como si fuésemos otras personas en la entrevista. La naturalidad y la sinceridad deben ser las mejores coordenadas por las que se rija todo el tiempo de la entrevista. Siempre restará puntos y será negativo para nuestra candidatura el hecho de interpretar un papel, de no mostrarnos tal y como somos, pues ese fingimiento puede ser detectado por el entrevistador, salvo que estemos en un *casting* de cine o de moda, por ejemplo.

Tenemos que ser lo más naturales que podamos y adoptar una actitud correcta, respondiendo adecuadamente, siendo agradables en el trato, pero sin que parezca peloteo, argumentando lo mejor posible todas aquellas cuestiones que nos plantee el entrevistador y aclarando cualquier duda o cuestión sin resolver, antes de que salgamos por la puerta.

Lo mejor será siempre ser quienes somos y como somos porque puede darse el caso de que, como reza el refrán, antes se pilla a un mentiroso que a un cojo, y si nos pillaran, si por la razón que sea averiguaran aspectos o cualidades que no coinciden con las que hemos expuesto en el currículum, perderíamos quizá la mejor de las oportunidades para lograr el trabajo, por lo que ante todo y sobre todo se recomienda sinceridad.

- *Creatividad, humildad y corrección ante las preguntas difíciles.*

Cualquier candidato sabe de sobra que pueden efectuarle las que se consideran preguntas difíciles o comprometidas. Son aquellas cuestiones que se refieren a ámbitos más personales o íntimos del candidato, y que si bien podemos negarnos a contestar, lo ideal es que respondamos a ellas lo más educada y correctamente posible, pues es una pregunta al fin y al cabo y merece como cualquiera de las otras una respuesta por nuestra parte.

En este caso en particular esa respuesta debe ser lo más creativa, adecuada y ajustada a la pregunta que nos hagan, respondiendo sin responder, pero dejando claro a la vez que somos capaces de salir airosos de esas preguntas complicadas. No hay técnicas para ello, aunque sí podemos encontrar sugerencias y recomendaciones de respuestas en la Red, porque lo que importa al fin y al cabo es que el entrevistador vea que sabemos desenvolvernos en situaciones complicadas o algo más excepcionales e imprevistas, eso es realmente lo que va a valorar.

Podemos negarnos a responder a este tipo de preguntas, sí, lo podemos hacer sin problema ni mala conciencia, pero lo más seguro es que el silencio o la no respuesta nos pueda restar puntos y disminuirá la confianza con el entrevistador de cara al éxito final de nuestra candidatura, ya que a veces este tipo de cuestiones se lanzan para conocer la adaptación del candidato a determinadas situaciones y cómo responde o se desenvuelve con ellas. En otras ocasiones es cierto que sirven al entrevistador para conocer y valorar más adecuadamente el ámbito más personal del candidato y pueden convertirse en motivo de descarte o de eliminación automática del proceso.

• *Practicar y entrenar la entrevista es sinónimo de conquista.*

Existen algunas webs que simulan modelos de entrevista de trabajo para que el candidato no llegue a ciegas a ese momento decisivo de todo el proceso de búsqueda de empleo. Se recomienda visitarlas y utilizarlas, no ya por el simple hecho de la entrevista en sí, sino porque se adquieren habilidades y se aprenden recursos y técnicas de respuesta y de comportamiento que solo obtendríamos si hiciéramos cientos de entrevistas.

Estos simuladores siempre serán buenos por este hecho, porque nos ofrecen la posibilidad de recrear una situación real en la que estemos frente a un entrevistador que quiere conocernos un poco mejor y valorar así si somos el candidato más adecuado para ese puesto que están ofertando.

El simulador puede convertirse en un buen trampolín para la entrevista porque con ellos encontraremos quizá muchas más respuestas y soluciones que preguntas y nos ayudarán con el objetivo final de conquistar ese trabajo, ese empleo que estamos buscando y para el que nos queda el último empujón, el último esfuerzo.

Enlaces de interés sobre la entrevista

Simuladores entrevista en inglés

1.11. Vídeocurrículum, el complemento perfecto

Para ser irremplazable uno debe buscar siempre ser diferente
Coco Chanel

Son muchas las ventajas y los aspectos positivos que aporta un videocurrículum a nuestra candidatura de empleo, máxime cuando uno de los objetivos principales de todo el proceso es captar la atención de los reclutadores y mostrarles que somos el profesional ideal para el puesto que ofertan.

Recordemos primeramente qué es un videocurrículum. En líneas generales podemos definir al videocurrículum como una presentación del candidato que muestra de manera visual y gráfica sus competencias, su experiencia, su formación y sus habilidades y méritos. Hay que recordar que un videocurrículum es un complemento conveniente al currículum en papel, pero que no lo sustituye al menos por el momento. Aunque ya haya empresas que prefieran el envío de este tipo de presentación lo cierto es que la mayoría aún prefieren el documento, pero cada vez se está demostrando más cómo un buen videocurrículum nos puede ser de mucha utilidad para lograr un trabajo.

Entre las características principales del videocurrículum podemos destacar que pone de manifiesto determinadas capacidades y habilidades comunicativas del candidato, permite una difusión más fácil sin grandes inversiones monetarias (al contrario que sucedía cuando se realizaban envíos masivos del currículum por carta postal), genera mayor visibilidad al candidato (la audiencia que puede ver la candidatura aumenta exponencialmente), aporta mucha más información y aspectos del candidato como pueden ser la imagen, la voz, el lenguaje gestual, la demostración de sus habilidades lingüísticas o la participación en actividades de voluntariado (esto se puede lograr porque un videocurrículum permite la inserción de elementos como imágenes, vídeos, textos u otro tipo de objetos que puedan enriquecer y captar más la atención sobre nuestra candidatura).

En cuanto a las condiciones básicas que se recomiendan para que contemos con un buen videocurrículum podemos destacar las siguientes: duración adecuada (entre uno y tres minutos máximo, dependiendo de nuestra hoja de vida y de lo que queramos compartir); destacar sobre otros candidatos que no lo presenten pudiendo marcar ese punto de diferencia que buscan muchos reclutadores; puede ser como una especie de precalentamiento antes del momento de la entrevista, en el cual aprovecharemos para responder a algunas de las cuestiones más importantes o significativas que nos podría plantear el reclutador, y finalmente indicar que debe tener un tamaño y formato adecuados permitiendo que sea de fácil reproducción en cualquier dispositivo (formato AVI o similares y tamaño reducido para que también lo podamos compartir a través de aplicaciones como WhatsApp sin problemas). Todas estas cuestiones no debemos ni podemos dejarlas pasar por alto si lo que buscamos no es solo llamar la atención y captar el interés del empleador sino también impresionarle para que nos llame o se ponga en contacto con nosotros para concertar una entrevista.

Para terminar queremos mencionar otros aspectos y consejos previos a la grabación del videocurrículum que creemos merecen la pena que sean considerados por los candidatos:

- *Empezar el vídeo por el final definiendo al destinatario*, lo que no significa que debamos darle la vuelta al guion que preparemos y comencemos con el saludo final, sino que

pensemos a quién nos estamos dirigiendo con el vídeo, quién lo podría ver, qué tipo de persona y de qué ámbito será el destinatario final de nuestra presentación, de modo que si tenemos eso más o menos claro también tendremos medio camino realizado en relación al cómo y sobre qué hablar en el videocurrículum. Es un ejercicio previo de reflexión que deberíamos realizar todos para pensar por unos momentos hacia quién o quiénes se dirigen los mensajes o explicaciones que vamos a transmitir.

- *Sintetizar para gustar.* Esta recomendación tiene mucho que ver con la anterior puesto que cuando sepamos a quién dirigir nuestro mensaje sabremos qué tipo de palabras utilizar o qué es lo más importante a destacar cuando grabemos el vídeo. No debemos soltar el currículum entero sino más bien ir a lo esencial, a lo más importante, a las tres o cuatro ideas que queremos destacar o que creemos serán los mejores para nuestra candidatura. Vayamos al grano. Meter mucha paja no nos va a servir de nada y puede dar al traste con nuestro principal objetivo. Resumamos y concentremos explicaciones porque podemos incluir la información sobre nuestra página web o nuestras redes sociales; dejemos al empleador o quienes vean el videocurrículum con ganas de conocernos mejor y que se interesen y consulten nuestros enlaces.

• *Ser originales cumpliendo con nuestros objetivos.* Al igual que en el currículum en papel buscamos destacar y que se fijen en nosotros, así sucede lo mismo en el caso del videocurrículum, en el cual debemos ser lo más atrayentes posible para que se interesen por nosotros y quieran contactarnos. Una forma de lograr esto es siendo originales, que no significa necesariamente hacer algo nuevo o diferente, sino más bien captar la atención del espectador a través de un dato, de una idea diferente, de una imagen o, por qué no, de un gesto adecuado en el momento oportuno. El candidato debe trabajar en la idea de qué es lo que nadie se espera que vaya a suceder en el vídeo, es decir, jugar un poco con la sorpresa y con la creatividad, que es una de las herramientas más poderosas que tenemos y de la que podemos sacar un enorme provecho con las aplicaciones, los programas, los recursos y elementos digitales con los que contamos para ello.

Vamos a compartir ahora algunos aspectos que consideramos muy importantes de cara a que nuestro videocurrículum tenga el impacto y el éxito que esperamos.

• Es recomendable que tengamos un guion bastante preciso sobre lo que queremos decir. Al igual que lo tenemos en el currículum en papel, en el videocurrículum debemos también estructurar los contenidos que queremos expresar. Este guion puede ser el mismo o muy similar al que tenemos en el papel, destacando nuestra experiencia y nuestra formación, pero incidiendo sobre todo en aquellos méritos o elementos que consideramos van a reforzar nuestra candidatura. Aquí entrarían por ejemplo el dominio idiomático, actividades de voluntariado o cualquier otro tipo de cuestiones que promuevan o sumen puntos a nuestra solicitud de empleo.

• En cuanto al contenido se recomienda enfocar/adaptar el contenido a nuestra profesión o al puesto de trabajo al que vayamos a optar y ponernos en el lugar de la persona que lo vaya a ver y escuchar, en una especie de empatía virtual para que se convierta en una buena guía acerca de lo que debemos compartir y decir en nuestra videopresentación.

• Debemos reflexionar sobre cómo captar la atención del espectador/reclutador durante los primeros segundos del vídeo para que se interese por nosotros y no nos pause y cierre de primeras. Otro consejo interesante es que utilicemos una o varias ideas en las cuales nos basemos para que sean recordadas incluso después de ver el vídeo, mensajes o cuestiones que marquen de alguna manera al espectador/reclutador y que las recuerden o puedan evocar en determinados momentos. Esa «marca», ese «recuerdo» puede, por qué no, ser un punto más para que nos tengan en cuenta.

• En cuanto al guion, este dependerá del recorrido y de la historia de vida de cada uno de los candidatos, aunque aquí recomendamos un guion de tipo generalista que podamos utilizar adaptándolo a cada una de nuestras situaciones: introducción del videocurrículum; experiencia laboral acumulada en relación al puesto ofertado si es el caso o completa si es una candidatura general; formación académica y cursos o cualquier otra formación que esté relacionada con el puesto ofertado o pueda fortalecer nuestra candidatura de trabajo; valor añadido (por qué tenemos que ser seleccionados nosotros y no otros) y despedida (recordar la importancia de destacar nuestras redes sociales para que puedan consultarlas y seguirnos).

Pasamos ahora a apuntar algunas cuestiones de tipo más técnico que podríamos tener en cuenta para nuestros videocurrículums: iluminación adecuada, preferentemente una luz lo más natural posible; cuidar el sonido utilizando un micrófono de corbata o cualquier otro dispositivo que capte bien nuestra voz; utilizar un fondo lo más neutro posible con elementos u objetos que destaquen o que estén relacionados con algunas de nuestras aficiones o que se relacionen con nuestra profesión; duración estimada en un máximo de dos minutos, almacenamiento con los formatos más habituales de vídeo y con un tamaño adecuado para que sea rápido y fácil de compartir.

1.12. Consejos y recursos para la búsqueda de empleo: el currículum *online*

Nunca te das cuenta de lo que has hecho,
solo puedes ver lo que queda por hacer.
Marie Curie

El currículum *online* ofrece numerosas ventajas para nuestra candidatura de empleo, por lo que puede convertirse en una de las herramientas principales de todo el proceso. Es una forma bastante efectiva de poder llegar a las empresas y que nos conozcan, siendo a la vez uno de los medios actuales de selección o reclutamiento que más se utilizan.

Tener un currículum *online* nos puede abrir muchas posibilidades en un mundo laboral que cada vez apuesta más por la tecnología y por las habilidades tecnológicas no solo para los candidatos sino también en los procesos de selección de personal. Como candidatos necesitaremos un currículum que muestre y destaque de alguna manera el dominio en herramientas tecnológicas, un aspecto que puede marcar la diferencia respecto a otros candidatos, mostrando que estamos al día y que dominamos el mundo digital. Tenemos que ver la tecnología como una oportunidad, como un medio o una herramienta de éxito y de avance personal y/o profesional, nunca tomarlo o considerarlo un problema o un freno a nuestros intereses o a nuestros objetivos profesionales.

Hoy es menos probable que nos pidan enviar una carta en respuesta a una solicitud de empleo. Todo se ha transformado y adaptado al mundo digital. La selección de candidatos ya prácticamente solo se hace a través del envío de currículum en formato electrónico o del currículum *online*. Debemos acostumbrarnos cada vez más a observar un currículum al que se accede a través de un link o que está integrado en una base de datos. Por ello, un elemento diferenciador de importancia es el currículum en formato digital, el cual nos permite incluir e incorporar una serie de elementos y opciones que no podríamos incluir en los formatos más convencionales. El currículum *online* o currículum en pantalla es y será cada vez más un excelente medio de conocimiento y de contacto con las empresas.

Animo a todos los que no tienen un currículum *online* que se lo hagan. Los pueden crear en algunas de las páginas web que sugerimos al final. Y para crear esta herramienta ofrecemos a continuación unos pequeños consejos para su diseño, contenido y visibilidad.

- *El mejor currículum es aquel que muestra lo mejor de nosotros mismos.*

No hay reglas escritas ni existen manuales milagrosos para saber cuál es el currículum perfecto. Creo que no debemos buscar el currículum perfecto sino el currículum que mejor encaje al empleador al que le llega nuestra candidatura, el encargado de valorar en pocos segundos si somos o no somos los más adecuados para el puesto que ofertan. Para ello es importante adaptar siempre que sea posible nuestro currículum a las ofertas de empleo a las que vayamos a enviarlo. En este debemos reflejar no solo nuestros méritos y capacidades sino mantener una coherencia tanto en el estilo como en la forma, utilizar un lenguaje adecuado sin faltas de ortografía, mencionar las destrezas y aprendizajes adquiridos en cada uno de los trabajos realizados y construir en definitiva un buen currículum que sea el reflejo de una estupenda candidatura que nos pueda llevar al éxito y a lograr ese puesto de trabajo tan deseado.

• *Todas las posibilidades y recursos online son siempre buenos y necesarios.*

No tengamos miedo a utilizar esta herramienta de empleo tan útil y necesaria como imprescindible en los tiempos que corren. Son muchas las opciones y los recursos que se pueden encontrar y utilizar en la Red para crear un buen diseño de nuestra hoja de vida. No solo podemos acudir, por ejemplo, a modelos de currículum infográficos, sino también tarjetas de visita *online* o webs en las cuales subir y compartir nuestros méritos, nuestra formación, nuestra experiencia y competencias para que puedan ser vistas por otros.

Algunas webs ofrecen recursos gratuitos o de pago, pero tanto unas como otras son sencillas y adecuadas de utilizar. Lo importante, al fin y al cabo, es tener una versión *online* del currículum, porque la visibilidad es una de las piezas fundamentales de todo el proceso de búsqueda de empleo, y más aún cuando lo que pretendemos conseguir con ello es un puesto de trabajo.

• *Compartir, compartir, compartir.*

Una vez que hayamos creado nuestro currículum *online* no debemos quedarnos ahí. Tenemos un estupendo recurso para nuestra candidatura de empleo que debe ser compartido y visto por empresas, empleadores, personas, al fin y al cabo, a las que podamos hacer llegar ese elemento.

Cuanto más compartamos más podremos ser conocidos en lo virtual, y, por ende, más oportunidades conseguiremos para que nuestro currículum llegue a donde tiene que llegar. La difusión es la segunda parte imprescindible tras la creación del currículum *online*, el cual no debe quedarse simplemente en un bonito enlace que no explotemos al máximo.

La premisa es siempre compartir, compartir y compartir más, hacerlo constar en nuestro currículum en papel, difundirlo en nuestras redes sociales, hacerlo llegar a nuestros contactos, enviarlo a las empresas también como autocandidatura, lograr en definitiva una difusión lo más amplia y completa posible.

Páginas sobre currículum *online*

1.13. Consejos y recursos para la búsqueda de empleo: redes sociales

No digas nada en la Red que no querrías ver expuesto en una valla con tu cara puesta en ella.
Erin Bury

Estos consejos sobre redes sociales tienen como objetivo principal compartir con todos aquellos que están buscando empleo algunas ideas que puedan ayudarles a tomar decisiones o mejorar en todo su proceso de búsqueda.

Espero y deseo que estos consejos sobre redes sociales sirvan de apoyo y de incentivo a quienes están buscando trabajo a través de redes sociales.

Consejos para buscar trabajo en redes sociales

- *Usar un perfil personal no es normalmente garantía de éxito en lo laboral.*

Algunos candidatos asumen que pueden mencionar sus perfiles personales de redes sociales en sus currículum. Si bien esta no es una mala idea, de hecho se recomienda, lo cierto es que se aconseja que se incluyan en el currículum aquellos perfiles estrictamente profesionales del candidato. De este modo se evitan problemas o cuestiones que puedan afectar negativamente a nuestra candidatura en relación al tipo de contenidos y de elementos que incluimos en nuestras cuentas personales.

Siempre debemos mencionar cuáles son nuestros perfiles en redes, sí, pero únicamente aquellos que estén enfocados a un aspecto o a un nivel más profesional, pues cuántas veces habremos leído o visto los efectos negativos de un perfil personal para un trabajador; cuántas veces la misma empresa ha desechado candidatos por lo que han visto en las redes sociales de este.

Las redes sociales no son malos medios de comunicación, información y entretenimiento. El problema viene por el uso que le damos a esas redes, cómo las gestionamos, qué compartimos, qué comentamos, qué imagen estamos dando a aquellos que nos ven como trabajadores o potenciales empleados de una empresa.

Si queremos tener éxito en lo laboral dejemos lo personal para la familia y los amigos y diseñemos perfiles más relacionados con nuestra experiencia laboral o con nuestros conocimientos, que los que visiten esos perfiles estén seguros de que somos el mejor de los candidatos posibles para ese puesto de trabajo que están ofertando.

- *Sin networking, sin red de contactos activa y productiva, siempre perderemos muchas oportunidades.*

La red de contactos se ha revelado como una de las formas más efectivas para lograr un trabajo. Más allá de páginas web, de portales de empleo, de páginas temáticas y de cualquier otro recurso *online*, la red de contactos sigue siendo un fantástico medio de empleo, en parte porque se pueden acceder a multitud de ofertas fuera de los canales habituales y que solo se pueden conocer en *petit comité.*

Son posibilidades de empleo más bien particulares, de ámbito cerrado, conocidas por unos pocos y que suelen recurrir a personas conocidas o de confianza para que sean ocupadas. A veces son puestos que necesitan una rápida incorporación sin tener tiempo para realizar un proceso de selección; en otras ocasiones son empleos cubiertos por las recomendaciones de los propios empleados de la empresa, los cuales hablan o aconsejan a alguien de forma personal a los selectores.

De una u otra forma es importante conservar, aumentar y fidelizar toda nuestra red de contactos, hacer *networking* activo, involucrarse todo lo que podamos participando en eventos como ferias o jornadas temáticas de empleo, pues son buenos lugares donde no solo darse a conocer sino también trabajar en ellos.

• *Una buena marca personal puede ser garantía de éxito profesional.*

La marca personal se refiere principalmente al quiénes somos, y por ello es un elemento imprescindible de apoyo en nuestro proceso de búsqueda de empleo. Una buena marca personal siempre nos redundará en una buena imagen de cara a la empresa, sumando puntos para nuestra candidatura de empleo. La marca somos nosotros mismos y la creamos también nosotros mismos. Incluye nuestra identidad digital, nuestra reputación *online*, nuestros perfiles en redes sociales... En fin, la marca personal es todo lo que somos y lo que transmitimos y transmiten de nosotros a través de Internet.

La búsqueda de empleo tiene un componente virtual tanto por parte de las empresas como por parte de los candidatos que no podemos ni debemos olvidar nunca. Hoy somos lo que dice Internet de nosotros. Una presencia *online* es tan importante como lo es tener un buen currículum. Y nuestra marca es nuestra identidad, nuestra seña, nuestra propia diferencia respecto al resto de candidatos.

Hay que cuidar y fortalecer la marca personal cada día, en cada lugar, en cada situación. Si queremos que la marca no nos marque construyamos una buena marca que deje marca en los demás.

Capítulo 2

FORMACIÓN Y BÚSQUEDA DE EMPLEO

2.1. Los metabuscadores de empleo, cientos de ofertas a unos pocos clics de ratón

Nuestra más grande debilidad yace en rendirnos.
El camino más seguro hacia el éxito
es siempre intentarlo una vez más.
Thomas Alva Edison

Un metabuscador de empleo es una página web a través de la cual podemos acceder con un par de clics de ratón a consultar decenas de ofertas de empleo. Estos metabuscadores reúnen en una sola página las ofertas de empleo clasificadas por categorías, ciudades o sectores que están dispersas en cientos de páginas, facilitando así enormemente a los demandantes la búsqueda de oportunidades laborales en la Red.

El procedimiento para utilizar un metabuscador es muy sencillo. Normalmente cuentan con dos cajas de búsqueda en las cuales introducimos el puesto de trabajo que estemos buscando (el cual puede ser a nivel genérico como profesor, o bien más concreto o específico como parrillero), utilizando de este modo unas palabras clave que indican al metabuscador el camino que debe seguir para ofrecernos lo que buscamos. También puede introducirse el nombre de la empresa. En la otra caja de búsqueda se deben escribir la ciudad, la provincia donde estemos buscando trabajo o el código postal. Con esta información el buscador de buscadores rastrea y consulta cientos de páginas de las cuales va extrayendo los enlaces en los que aparecen las palabras clave que hemos escrito y en un tiempo récord nos permite consultar esas ofertas de trabajo. El siguiente paso sería acceder a la información de dicho puesto y dependiendo de la página o del portal en el cual haya encontrado el metabuscador esa oferta seguir los pasos indicados por esa página o portal de empleo para enviar nuestro currículum si realmente estamos interesados.

El metabuscador nos ahorra mucho tiempo puesto que no necesitamos acudir a decenas de webs de empleo sino que en una única página podemos encontrar ofertas de empleo relacionadas con nuestras preferencias. Es como si accediéramos a una gran base de datos que almacena ofertas y de ella extrajéramos la información que más nos interesa. El inconveniente de este medio de búsqueda de empleo es que no permite en la mayoría de los casos enviar nuestro currículum directamente a la empresa sino que nos reenvían a la web original en la que está publicada la oferta de empleo desde la cual ya por nuestra cuenta debemos seguir los pasos pertinentes y necesarios para enviar nuestra candidatura.

En otras ocasiones encontraremos que tras la descripción de la oferta podemos pulsar en la opción «Solicitar», la cual nos abrirá una ventana nueva que debemos completar con los siguientes datos: nombre, email, teléfono (opcional), archivo del currículum y carta de presentación (también opcional). Una vez completados los campos pulsamos en «Solicitar» para que nuestro currículum se envíe a la empresa sin necesidad de inscripción previa, pero no todas las ofertas que aparecen en los metabuscadores, y más concretamente en Indeed y en Jobatus que he tomado como ejemplos, disponen de esa opción de envío directo.

Otra opción que añaden estos metabuscadores son las alertas de empleo, de modo que podemos pedir al buscador que nos envíe un correo electrónico cuando encuentre en su búsqueda ofertas relacionadas con las palabras clave que le indiquemos, de manera que no tengamos que estar pendientes o visitar continuamente muchas de las webs o portales de empleo porque la información que el metabuscador nos envíe será la misma que encontremos en la página o portal de empleo.

Y para terminar decir que estos metabuscadores permiten también que los candidatos inserten sus currículum al estilo de los portales de empleo y de ese modo cuando quieran inscribirse en una oferta no tienen más que pulsar sobre «Apuntarse» o «Inscribirse en la oferta», de modo que el currículum que han publicado en esa página sea el que llegue a la empresa. Esta opción está disponible dentro de los metabuscadores pulsando en «Publica tu CV» o una fórmula muy similar.

Ejemplos de metabuscadores de empleo

2.2. *Navidad, tiempo de trabajar: algunas sugerencias*

La Navidad es el día que une todos los tiempos.
Alexander Smith

A finales del año solemos hacer evaluaciones, celebramos las fiestas lo mejor que podemos y entramos en el nuevo año con más ilusiones e incertidumbres que alegrías. Llega la Navidad, y con ella llega también la oportunidad de trabajar, pues muchas empresas necesitan ampliar o reforzar sus plantillas en este tiempo, unos días marcados, entre otras cosas, por un consumismo exacerbado, donde las compras de regalos y de comida ocupan seguramente muchas de nuestras horas y pensamientos.

Quisiera recordar algunas ideas y sugerencias sobre el trabajo en Navidad por si fueran de utilidad a los candidatos y candidatas que buscan una oportunidad para terminar el año con una alegría más. Aún no es tarde si creemos que ya no es momento de enviar nuestra candidatura. Las grandes empresas siguen con los procesos de selección de personal abiertos para esta época del año.

¿Dónde hay más oportunidades de empleo? En estas fechas algunos perfiles y ocupaciones son las más demandadas por las empresas. Entre ellos están los relacionados con el mundo de la hostelería (camareros, ayudantes de camareros, cocineros, extras para servir comidas o cenas), el turismo (personal para hoteles en recepción por ejemplo), promotores de productos para centros comerciales, logística (transporte, almacén y paquetería) y administración (secretaría, ayudantes de secretaría).

Los últimos datos ofrecidos por los expertos hablaban de más de 25.000 empleos posibles, entre los que destacan los que solicita Correos, Seur, empresas de juguetes y los que contraten otras compañías como Amazon, Inditex o El Corte Inglés, entre otros. Todos estos empleos son ya fomentados y necesarios desde el Black Friday o el Cyber Monday, fechas de gran consumo y de compras *online* principalmente, y que provocan que muchas empresas necesiten más personal para atender la enorme cantidad de demandas producidas por millones y millones de personas en todo el mundo

¿Cuáles son los perfiles más solicitados? Entre los trabajos que más personal requieren los días de Navidad se encuentran los siguientes:

- *Atención telefónica.* Muchas empresas aprovechan la época navideña para realizar promociones telefónicas a sus clientes o para atender las dudas y reclamaciones que puedan surgir con la devolución de productos comprados, lo que requiere reforzar los turnos de atención para poder ofrecer un servicio 24/7.

- *Repartidores/as.* Navidad es sinónimo de regalos y de buenas intenciones. Muchas empresas ven cómo aumenta el trasiego de paquetes y de regalos, como pueden ser las cestas de Navidad, puesto que algunas empresas continúan todavía con esa tradición. Para este puesto es necesario disponer de carnet de moto o de conducir.

- *Azafatos/as.* Algunas empresas suelen celebrar eventos en estas fechas, tales como cenas, presentaciones de resultados o galas benéficas. Las azafatas y azafatos estarán siempre ahí con su mejor sonrisa y dedicación para atender lo mejor posible a los participantes y asistentes y responder a las informaciones y peticiones que sean necesarias. Para este puesto se requiere buena presencia, habilidad para el trato con el público, idiomas y una clara orientación hacia el cliente.

• *Papá Noel, Rey Mago o paje.* Estas figuras son indispensables en la estampa navideña. Bien sean actores o personas dispuestas a enfundarse una barriga, una barba blanca postiza y un traje rojo, o a vestir trajes bien ornamentados, lo cierto es que cada vez más no se trata solamente de hacerse la foto con ellos sino de interactuar con los niños haciendo actividades o con otro tipo de propuestas. Lo que se solicita es que Papá Noel no solo esté con los niños, sino que participe y conecte con ellos.

• *Empaquetadores/as.* Muchas empresas demandan y necesitan de este perfil durante las fiestas navideñas para envolver los regalos de las compras. Para este trabajo se necesita orientación al cliente, habilidad con los materiales y disponibilidad horaria.

Otros perfiles demandados para estas fechas son: camareros/as de piso, promotores/as, contables y administrativos/as, monitores/as de ocio y tiempo libre, animadores/as de fiestas o recepcionistas.

Algunos consejos para encontrar trabajo en Navidad:

- *Tener el currículum actualizado.* Es imprescindible que nuestro currículum esté lo más actualizado posible, que sea atractivo a los empleadores. Y si la empresa requiere del envío de candidaturas a través de su web, es importante adaptar nuestra candidatura al puesto o puestos de trabajo a los que queramos optar.

- *Resaltar nuestra capacidad de trabajo en equipo.* En lo que duren estas fechas uno de los valores más importantes de cualquier trabajador es la capacidad y la experiencia de trabajo en equipo. Destacar y ahondar en este aspecto en nuestra candidatura puede jugar mucho a nuestro favor. Y al igual que con el trabajo en equipo es conveniente y necesario resaltar el conocimiento de idiomas que poseamos, pues en sectores como la hostelería o el comercio siempre significarán una ventaja competitiva a nuestro favor frente a otros candidatos.

- *Adaptación rápida al puesto.* Muchos perfiles tienen en estas fechas un ritmo de trabajo muy intenso. Tendremos que ser conscientes de que nos demandarán un plus de compromiso y de actividad. Cuanto antes seamos capaces de realizar la adaptación antes podremos rendir en las mejores condiciones para todos.

- *Proactividad para conquistar.* Saber transmitir, llegar no solo a los empleadores sino también a los futuros clientes es una obligación inherente a nuestro puesto. Cada vez se demanda con más fuerza que los candidatos sean capaces de demostrar sus *soft skills*, como pueden ser la seguridad, la autoconfianza, el optimismo, la proactividad, valores y actitudes todas que influenciarán en nuestro desempeño laboral, por supuesto.

Navidad es un excelente periodo para buscar el primer trabajo, estrenarse en el mercado laboral, obtener ingresos extras, acumular experiencia laboral, seguir aprendiendo o ampliar nuestra carrera profesional en busca de otros objetivos y metas.

Son muchas las oportunidades que se nos brindan, pero también los desafíos. Ojalá que podamos comenzar todos los años un poco mejor que como dejamos el anterior. Y como decía la canción de José Feliciano: «Feliz Navidad, Feliz Navidad, próspero año y felicidad».

2.3. Oportunidades de trabajo y empleo para la temporada de esquí: algunas observaciones

Por los santos la nieve en los altos y el frío en los campos

Winter is coming... y con él también el frío, la nieve, los turrones, los regalos, las campanadas y el nuevo año. También es tiempo de vacaciones escolares y de esquí, cuando las numerosas estaciones invernales abren sus puertas para el gozo y disfrute de los miles de esquiadores que en unos pocos meses generan empleo y riqueza para las estaciones y su entorno.

Van a ser unos meses en los que en muchos lugares, como en Béjar, esperemos que el «oro blanco» nos llegue y aguante lo máximo posible, para que podamos ofrecer lo mejor de nosotros y de nuestra comarca a los esquiadores que nos visiten y quieran disfrutar tanto de la nieve de la sierra como de los numerosos encantos y lugares que se sitúan a su alrededor.

En muchos pueblos y ciudades de España esta temporada de invierno siempre se vive con incertidumbre y mucha inquietud, a la vez que con esperanza y buenos deseos para que sea buena... o que nunca sea peor que la anterior.

Son varios los sectores y profesiones que se mueven alrededor de una estación de esquí. Desde los propios profesionales que trabajan en la estación hasta el dependiente de una tienda de móviles de la población más cercana (por poner un ejemplo), se cuentan por decenas las oportunidades de empleo que se brindan durante estos meses. Turismo y hostelería son quizá los dos sectores productivos más influenciados y afectados por la temporada, pero son otros muchos los que de forma directa o indirecta también se pueden beneficiar o perjudicar de la nieve.

Podemos hacernos una composición de lugar acerca del impacto económico y laboral del esquí en el siguiente informe del SEPE referido a la montaña aragonesa y que es de interesante lectura.

Para quienes quieran trabajar en estaciones de esquí se recomienda acceder directamente a las páginas web de cada una de las estaciones y buscar las ofertas de empleo, consultando los pasos o el medio para hacerles llegar nuestro currículum y, por ende, nuestra candidatura. Es bueno informarse acerca de las condiciones, el tipo de contrato y si existiera alguna ventaja a mayores, además de saber si el trabajador puede recibir propinas o no.

Ahora es buen momento para acceder y consultar las posibles ofertas de empleo. Aunque algunas estaciones ya han abierto y otras están en pleno proceso de selección de personal, o ya lo han hecho, siempre puede producirse alguna baja o despido, por lo que es importante enviar nuestra candidatura para que puedan ser seleccionados. Es un punto a favor (al igual que sucede con otro tipo de trabajos) que tengamos conocimientos de idiomas. Esto siempre contará a nuestro favor y aumentará el valor

de nuestra candidatura. Pueden acudir a la estación personas de todo el mundo a esquiar y disfrutar de la nieve. Los idiomas que más pueden ser solicitados para trabajar en una estación de esquí son los siguientes: español, inglés, francés, ruso y portugués. A nuestra estación de esquí de La Covatilla de Béjar llegan por ejemplo muchos portugueses, debido sobre todo a la cercanía geográfica, por lo que será un punto positivo para nosotros hablar y saber desenvolverse en una lengua distinta a la nuestra.

Respecto a los puestos o perfiles que demandan las estaciones de esquí, estos son muy variados: personal para cafetería y/o restaurante de las estaciones, personal para el alquiler del material, personal para las taquillas de expedición de *forfaits*, personal para el mantenimiento de las pistas y de los remontes (aquí se incluirían conductor de remontes, conductor de maquinaria, pisapistas, encargados de mantenimiento del *parking* y del *snow park* por ejemplo), personal para las escuelas de esquí y de *snowboard*, personal de atención al cliente y ventas, ayudantes de eventos y de comunicación, ayudantes de cocina, camareros/as, limpiadores/as, personal de administración, personal para la guardería, socorristas, etcétera.

Existe una gran variedad de posibilidades dentro de la misma estación de esquí, pero es que también el entorno se ve beneficiado por ella, y así en muchos lugares se precisa de más personal en alojamientos y restauración principalmente.

En estos meses sí que hay oportunidades para trabajar, sí hay trabajo, aunque sea de forma temporal, porque ya sabemos de sobra que la nieve, con la llegada de la primavera y el paulatino ascenso de las temperaturas, se va derritiendo... Y vuelta a empezar: a preparar la estación para la siguiente temporada o proponer el uso de esta durante el resto de los meses del año para nuevas actividades o propuestas que puedan atraer visitantes y generar otro tipo de ingresos. Muchas estaciones ya permanecen abiertas durante todos los meses del año a pesar de que no haya ni rastro de la nieve, porque han apostado por la innovación, la creatividad y la ampliación de la oferta de sus estaciones más allá del esquí, como parques lúdicos, *bikes parks*, toboganes, itinerarios de BTT, esquí nocturno, uso del telesilla para rutas por la montaña o actividades de senderismo entre otros usos.

Ojalá que se cumpla para todos ese refrán que asegura que la sierra con nieve es buena, y que sea del agrado, disfrute, provecho, esparcimiento, rentabilidad y ocio para todos, tanto foráneos que pueden llegar de otras partes de España como de los franceses o portugueses que seguro llegarán a disfrutar y utilizar las pistas de esquí y de todo lo que se mueve alrededor suyo.

A continuación ofrecemos el enlace directo a la sección de empleo o la web de cada una de las estaciones de esquí españolas:

Astún-Candanchú

Cerler

Formigal-Panticosa

Baqueira Beret

Boí Taüll

Espot Esquí

La Molina

Masella

Port Ainé

Port del Comte

Tavascán PletaelPrat

Vall de Nuria

Vallter 2000

Alto Campoo

Fuentes de Invierno

Leitariegos

Manzaneda

San Isidro

Valgrande Pajares

Javalambre Valdelinares

Punto de Nieve Santa Inés

Valdezcaray

La Pinilla

Puerto de Navacerrada

Sierra de Béjar La Covatilla

Valdesquí

Sierra Nevada

2.4. Formación y aprendizaje también en verano: algunas sugerencias

Desarrolla una pasión por el aprendizaje.
Si lo haces, nunca dejas de crecer.
Anthony J. D'Angelo

Muchas personas habrán estado, estarán o tienen la intención de estar en sus sitios vacacionales y de recreo veraniegos. Aquellos que puedan que lo disfruten, por supuesto. A quienes aún no han tenido días de vacaciones que se armen de paciencia que todo llega. Y para todos aquellos que no van a poder vacacionar por el motivo que sea, mucho ánimo.

Para quienes están buscando trabajo, o para quienes hayan hecho una pausa saludable y necesaria en ese complicado y difícil proceso, les quería ofrecer algunas recomendaciones sobre formación, páginas gratuitas de cursos, tanto para quienes quieran saber más, ampliar sus conocimientos o para quienes quieren incluir un nuevo mérito o reconocimiento en su currículum.

Todas las páginas que destaco a continuación están orientadas y encaminadas hacia la formación *online* a través de una web, ya sea mediante videotutoriales o por contenidos específicos a los que se puede acceder desde una plataforma educativa o desde la propia página que ofrece los cursos.

Algunas van a solicitar una preinscripción previa de los alumnos. ¿Qué quiere decir? Esto significa que ya sea para acceder a los cursos como alumna o alumno, o para poder solicitar el certificado de aprovechamiento o de participación, es necesario estar inscritos en la academia, empresa o entidad formativa.

Es un procedimiento muy similar al que realizamos cuando nos damos de alta en una red social. Debemos indicar nombre y apellidos, una dirección de correo electrónico y una contraseña de acceso (normalmente junto con un apodo o sobrenombre) que luego nos pedirán confirmar a través de un enlace que nos envían a nuestro mail.

Una vez confirmada la inscripción podremos acceder a miles de cursos de distintas temáticas, en idiomas como el inglés o el chino entre otros; podemos participar en foros de opinión y de formación, opinando sobre los contenidos del curso, interactuando con otros alumnos matriculados, compartiendo impresiones y opiniones a través de la web, etcétera, y totalmente gratis, lo que es una cuestión también a destacar.

He querido escoger de una amplia gama de recursos y posibilidades formativas *online* solamente las gratuitas porque, aparte de significar un sustancial y considerable ahorro para nuestros bolsillos, si el objetivo principal es aprender este se cumple con creces; si el complemento o la recompensa por ese aprendizaje es un certificado que podamos incluir en nuestras candidaturas, estupendo; un certificado que por cierto podría tener un coste extra en algunas páginas si deseamos tenerlo en papel y que nos lo envíen, ya que en la gran mayoría de los casos el certificado nos llega vía correo electrónico en formato PDF, con los datos del alumno, del curso o de las horas de formación entre otros.

Considero que es necesario que tanto los demandantes de empleo en búsqueda como los curiosos y deseosos de más conocimiento y de saber se sumerjan en la enorme cantidad y variedad de contenidos de todas las disciplinas en las páginas de cursos que a continuación comentamos.

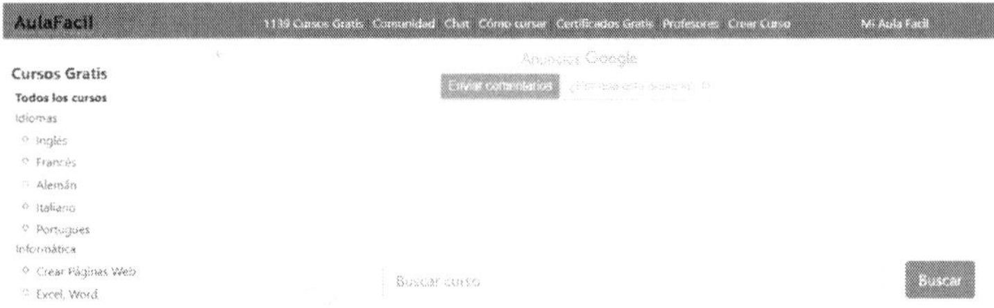

Cuenta con un repositorio de cursos (mil ciento treinta y nueve a fecha 24 de noviembre de 2025) de multitud de temas diferentes, en la cual, aparte de poder examinarnos de más de cien cursos y obtener un certificado del curso (previo registro), podemos crear también nuestros propios cursos y subirlos a la web. Se puede acceder a los contenidos de los cursos sin necesidad de estar registrado. El registro es solo para quienes deseen un certificado del mismo a través de la opción «Certificados gratis». Una opción interesante que combina las dos vertientes: yo aprendo y los demás pueden aprender conmigo.

Página de cursos *online* creados por universidades de todo el mundo. Los hay disponibles en varios idiomas. Requiere registro previo. Los certificados pueden ser de aprovechamiento o de superación (con coste adicional). Los cursos están impartidos por profesores de universidad.

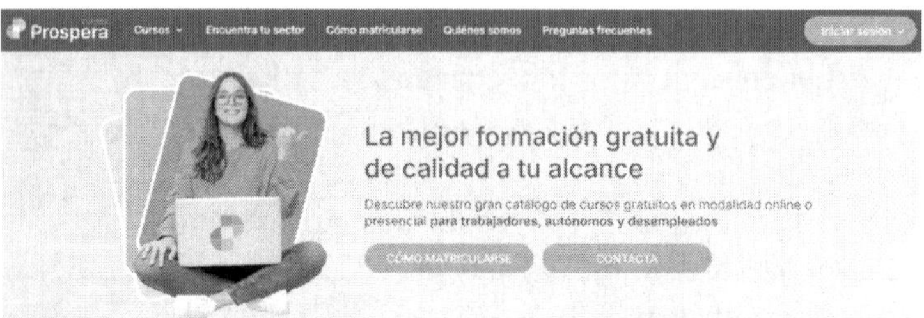

Plataforma formativa *online* de Acredita2, una comunidad de profesionales de la enseñanza. Su objetivo es adaptarse a las necesidades de los alumnos y ayudarles en su futuro laboral. Las claves que proponen son: cercanía, simplicidad, flexibilidad y confianza. Entre las entidades que forman parte de esta plataforma están Aula Activa y FormateCYL. Está subvencionada por el Ministerio de Empleo.

Cada curso informa sobre el perfil más adecuado para el mismo. La inscripción se completa rellenando un formulario con los datos personales.

Web de cursos gratuitos y de pago a los que se accede mediante registro (permite acceso con cuentas de correo o de Facebook). Más orientada a temáticas relacionadas con el *marketing*, los

negocios, la tecnología e Internet. En la sección de «Eventos» podemos conocer los *webinars* en directo que se imparten y lo seminarios *online* en los que podemos participar.

En esta web los cursos están organizados por categorías. Se pueden realizar sin certificado, con certificado digital y con certificado digital y en papel. Cada curso dispone de descripción, metodología y temario para valorar si inscribirnos o no. Matricularse en un curso gratuito es como hacer una compra de un producto. Debemos completar los datos del pedido y comprarlo. Si hubiera cargos según la opción elegida, seremos enviados a una pasarela de pagos. La compra es segura y acepta Paypal entre otros sistemas.

Otras webs con cursos gratuitos y que añaden un certificado son:

Ahora ya solo queda conocer, escoger y empezar a aprender; por lo que aprendiendo que es gerundio...

2.5. *Ferias y foros de empleo: una puerta para lograr un trabajo*

El networking es una parte más del trabajo de buscar trabajo
y proporciona a veces sorpresas,
ya que nunca sabes por dónde va a llegar
el contacto adecuado que te lleve hacia
tu gran oportunidad laboral.
Este contacto puede llegar de la manera más inesperada
y como menos te imaginas,
pero hay una cosa clara: hay que moverse
y acudir a encuentros de este tipo.
Javier Sevilla, CEO de Jobssy.com

En este apartado explicaremos cómo las ferias y los foros de empleo que se realizan en muchas universidades y lugares de España son una puerta, un camino, una oportunidad para acceder al mercado laboral, ya sea porque nos permiten entregar nuestro currículum a muchas empresas y entidades, ya sea porque son momentos en los que ampliar, fortalecer o promocionar nuestra red de contactos profesionales o porque podemos ampliar los ámbitos en los que presentar nuestra candidatura. Por ello las ferias y foros de empleo se consideran un buen trampolín, un buen escenario para participar, para darnos a conocer, para que nos hagamos más visibles y logremos así que las empresas se interesen por nosotros.

Como dijimos, las ferias de empleo suelen organizarse por las universidades y por empresas de selección. Las hay presenciales en muchas ciudades de España, pero también las convocan *online*, por lo que no es necesario desplazarnos hasta el lugar de celebración para enviar nuestro currículum. Es un excelente lugar de encuentro entre empresas que están buscando candidatas y candidatos que están en busca de su primer empleo o desean promocionarse y mejorar su vida profesional.

Es el sitio para lograr nuevos contactos, conocer qué perfiles son los que demandan más las empresas, recopilar información para ajustar o adaptar nuestro currículum -candidatura a lo que piden con el fin de disponer de mejores oportunidades para ser seleccionados.

Las ferias de empleo, si bien están orientadas más especialmente a los recién titulados, a estudiantes a punto de titularse o a candidatos en busca de su primer empleo, no significa que no se pueda acudir a ellas, pues son espacios abiertos para todo aquel que se encuentra en proceso de búsqueda de empleo, y además la mayoría son gratuitas.

También es importante acudir a las ferias o foros de empleo porque en ellos se realizan actividades muy diversas: talleres de orientación, charlas sobre salidas profesionales, promoción de nuevos productos o servicios, charlas informativas para trabajar en el extranjero, talleres para mejorar el currículum o sesiones de experiencias empresariales o de emprendimiento por si nos decantamos por montar nuestro propio negocio, una posibilidad siempre a considerar.

Las ferias de empleo ofrecen a los candidatos un contacto más directo con los reclutadores, con los departamentos de recursos humanos de muchas empresas o con *business angels*, por ejemplo, y es en este contacto *face to face* cuando debemos dar el do de pecho, demostrar nuestra valía y capacidad profesional. Hay ferias o foros que organizan encuentros de pocos minutos con los candidatos, al estilo del *pitch elevator*, minutos en los que convencer con argumentos firmes y sólidos para defender nuestra candidatura ante el empresario o el empleador, tiempo en el que debemos decir y mostrar todo con lo más mínimo, tiempo para reivindicar lo más esencial, lo más importante, lo que marque la diferencia con el resto de candidatos.

Quizá en esos minutos esté concentrado nuestro futuro profesional, quizá ese tiempo que nos dedican será el que pueda decantar la balanza y con ello la elección por uno u otro candidato; por eso hay que prepararse bien, hay que saber que no solo acudimos a las ferias y foros de empleo a entregar currículum a diestro y siniestro, sino también a conocer, investigar, entender, atender, enfocar y dirigir. Las ferias pueden ofrecernos nuevas herramientas, nuevos modelos, nuevas maneras y perspectivas para mejorar nuestra búsqueda, para llegar mejor a las empresas, para destacar el perfil que buscan, para averiguar qué tendencias se afianzan en el mercado laboral. Las ferias y foros de empleo nos pueden aportar claves y elementos de mejora para conseguir un trabajo. No hay que desatenderlas aunque estemos trabajando. Siempre que se pueda y se tenga tiempo es bueno acudir a ellas. O al menos así lo aconsejamos.

Y a este respecto quiero comentar la feria Startup Olé, un espacio para el encuentro y desarrollo de ideas, de recursos y de conocimientos, abierto a la participación de empresas y de buscadores de empleo, al que se puede acudir de forma gratuita previo registro en la web.

Para más información sobre Startup Olé →

Otras ferias de empleo son las siguientes:

- Expo Franquicia (Salón Internacional de la Franquicia), en el recinto ferial IFEMA de Madrid. Una feria sobre franquicias y emprendimiento a la cual acuden muchas empresas a presentar sus productos y servicios.

- Feria Virtual de Empleo USAL. Organizada por el SIPPE y USAL Emprende, esta feria online permite conocer las ofertas de muchas empresas y poder enviar el currículum directamente a ellas una vez registrado, además de informar de las actividades presenciales organizadas en la Universidad de Salamanca.

- Tándem. Feria de empleo de Segovia y provincia. Punto de encuentro entre profesionales, empresas, estudiantes, desempleados y titulados.

- Foro de Empleo Universidad de Burgos. Otro escenario donde acudir para entregar la candidatura o ampliar la red de contactos.

Otras universidades españolas organizan sus propias ferias virtuales de empleo.

Termino resaltando el hecho de que estas ferias también pueden ser días en los cuales trabajar, ya sea como voluntario o como personal de la misma, tanto en labores de registro, identificación, personal de sala o de seguridad, como promotor de la feria en redes, logística, etcétera, de ahí la doble vertiente de las ferias y los foros de empleo: espacios de trabajo y a la vez oportunidades de empleo.

Espero que tanto los desempleados y las desempleadas en búsqueda como los trabajadores en activo con ganas de mejorar o de conocer más sobre el mercado laboral participen en las ferias. Una puerta más que se abre es una nueva oportunidad para lograr nuestro objetivo.

Hemos resaltado con anterioridad la importancia de las ferias y de los foros de empleo como espacios no solo para encontrar trabajo sino también para ampliar la red de contactos profesionales, el conocimiento de nuevas empresas de nuestro sector o sectores de preferencia y la oportunidad de entrar en contacto con *business angels* que puedan financiar nuestros proyectos emprendedores. Siempre que se pueda es importante acudir a ferias de empleo. Estas no son solo el escaparate de empresas o de instituciones que presentan nuevos productos o que buscan trabajadores sino que también nosotros, ya seamos candidatos, trabajadores en activo, emprendedores, estudiantes o simples curiosos, podremos recibir mucho bueno de ellas. Quiero compartir siguiendo el consejo de expertos como Empleo Sud, algunas sugerencias para sacar el mejor provecho a las ferias de empleo.

Quiero destacar e insistir sobre el hecho de que cuando acudimos a una feria de empleo no debemos asistir solamente para entregar decenas de currículum, sino también para iniciar, ampliar, mejorar o promocionar nuestra red de contactos. Para ello debemos prepararnos, al igual que lo hacemos cuando nos citan para una entrevista de trabajo, pues de un encuentro, de un intercambio, de un simple contacto quizá puedan surgir y fructificar oportunidades de empleo.

Las sugerencias que queremos compartir son las siguientes:

- Conozcamos de antemano los expositores (empresas) que participan en la feria. Hagamos una lista de aquellas empresas que más nos interesan para acudir directamente a ellas. Si es posible saber tendríamos que saber el nombre de los empleadores y/o reclutadores de la empresa que acudirán a la feria para dirigirse a ellos personalmente y presentarles nuestra candidatura, o si nos interesan como contacto profesional, pues entablar una conversación con ellos/ellas para recopilar datos de contacto al finalizar la misma (puede ser adecuado que antes de acudir a la feria hayamos creado un perfil profesional en Linkedin o tengamos cuenta en Facebook o en Twitter, pues de este modo los podremos seguir, nos podrán seguir y fluirá mejor la información y la comunicación), y aunque parezca un poco anticuado, sugiero acudir a las ferias de empleo con alguna tarjeta de presentación que nunca están de más.

• Llevar copias del currículum y/o carta de presentación, tanto adaptadas para cada expositor con el que se pretende entrar en contacto, como candidaturas más generales para dejarlas en otras empresas o para entregar a los empleadores y contactos que se puedan conocer allí.

• Causar una buena impresión, la cual no solo pasa por «saber venderse», mantener una conversación profesional adecuada o parecer interesado/a en la empresa o en un determinado puesto de trabajo, sino también en el aspecto exterior, en la vestimenta, en los cuidados, pues una primera impresión aceptable es fundamental, da pie para continuar la comunicación, puede transmitir profesionalidad, y en este tipo de lugares es una cuestión que no debemos pasar por alto.

• Tener preparada una buena presentación. Cuando llegue el turno de conocer a empleadores o representantes de las empresas debemos tener claro qué queremos decirles y cómo decírselo. El método del *pitch elevator* es un método sencillo y adecuado para ello. Practicar nuestra presentación frente a un espejo, controlando la voz o los gestos nos ayudará a que en el momento de la verdad, que es único porque quizá no tengamos una nueva oportunidad, sepamos dirigirnos de la manera adecuada y demostrar que somos el mejor candidato, que nuestra «marca» les puede interesar sobre otras, que nuestras habilidades y capacidades encajan exactamente con ese perfil que están buscando o que quieren encontrar.

• Recoger y organizar información. Las ferias de empleo son un buen momento también para recoger papeles como trípticos, guías o folletos acerca de las empresas en las que estemos interesados/as en trabajar, siendo este acto un punto positivo a nuestro favor, ya que el empleador puede percibir así nuestro interés por su empresa. Luego llega el tiempo de recopilar, escoger, desechar, organizar, clasificar y ordenar toda la información que hayamos cogido en los *stands* o que nos hayan proporcionado las personas que están en ellos. Esta información será importante a mayores cuando retomemos el proceso de búsqueda de empleo y reiniciemos el envío de candidaturas, pues dispondremos de valiosa información de contacto, de envío y de objetivos que podremos plasmar en la adaptación que haremos del currículum a la empresa y los perfiles que solicitan. Si hubiesen pasado algunos años desde que recogimos la información quizá no sea válida y tendremos que buscarla a través de otros medios.

En resumen, de todo lo expuesto podemos recomendar lo siguiente: prepara la feria, cuida tu imagen, lleva tu currículum, ten clara tu presentación, recoge información y genera nuevos contactos.

Acudir a una feria de empleo (que casi siempre suele ser gratuito, previo registro, eso sí, para obtener la acreditación/invitación) puede ser una buena plataforma hacia el éxito. De lo malo, ampliaremos contactos; de lo bueno, nos llevaremos nuevas oportunidades de trabajo. Pero nunca lo sabremos si nunca acudimos.

2.6. Más formación, más empleo: ¡que no falte la educación!

Vive como si fueses a morir mañana.
Aprende como si fueras a vivir para siempre.
Mahatma Gandhi

Quisiera detenerme en el siempre importante e imprescindible tema de la formación. En tiempos de desempleo una de las principales actividades que deberíamos llevar a cabo es formarnos, seguir aprendiendo, profundizar en conocimientos o adquirir otros nuevos. La formación es fundamental en nuestro proceso de búsqueda de empleo. Ampliar nuestros saberes en el ámbito o sector profesional de preferencia, acceder a más conocimientos que podamos convertir en habilidades, ser curiosos ante lo que nos rodea es la actitud más decisiva para no caer en la desesperación, en el hastío, en la monotonía.

Estar activos, involucrarse, tener curiosidad, aprender, escuchar, compartir, incluir esa nueva formación recibida en nuestros currículum, crear nuevas redes de contactos profesionales, ver, atender, estar ahí, dedicarle tiempo y ganas, son algunas de las sugerencias que tendrán como recompensa un trabajo, el ansiado trabajo. Pero hay que estar ahí y participar. Hay que observar y actuar. Hay que tomar una actitud proactiva en la búsqueda de empleo para sentirlo cada vez más cerca, para creer que sí es posible, para poner todos los medios en la consecución de ese único objetivo que nos quita tantas horas de sueño, que nos atrapa en una dinámica para la que muchas veces no se encuentra ningún sentido pero que seguro que lo tiene (y mucho).

Invito a todos los buscadores y buscadoras de empleo a esforzarse todavía más, a participar más, a creer más en ello, y a formarse lo mejor posible abriendo nuevos caminos y oportunidades que están muy cerca, a tan solo unos pocos clics de ratón. Hay que hacer mucho y además hacerlo bien. Hay que quererlo para conseguirlo. Hay que insistir para lograr el éxito.

A continuación recomendamos varias páginas web donde acceder de manera gratuita a ese vasto mundo del conocimiento, al cual nunca está de más acercarse con curiosidad y atención para descubrir lo mucho que nos puede ofrecer.

Página con cursos (mayoritariamente en inglés), propuestos y desarrollados por profesores y expertos de muchas universidades e instituciones educativas de todo el mundo. Los cursos se imparten en varios idiomas (inglés, francés, portugués y español sobre todo), y requieren registro previo en cada uno de ellos.

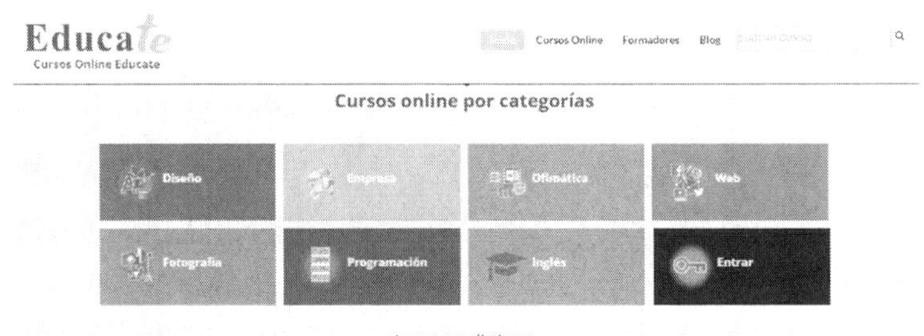

Web de cursos de pago organizados por categorías (Diseño, Empresa, Ofimática, Web, Fotografía, Programación, Inglés), en la cual se puede probar con anterioridad el curso descargando algunas lecciones o contenidos de manera totalmente gratuita. Expide certificado de formación tras la finalización de cada curso.

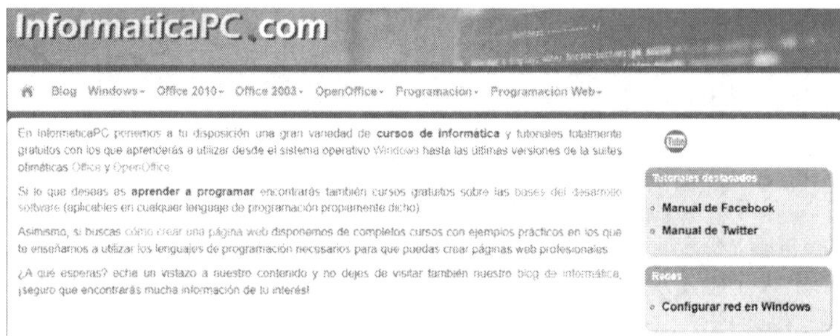

Página de cursos de informática de autoaprendizaje organizados por bloques (Windows, Office 2010, Office 2003, OpenOffice, Programación y Programación Web), que es útil para principiantes o novatos en las materias objeto de estudio. No entregan certificado de superación del curso.

Plataforma de aprendizaje de idiomas que requiere registro previo (cuenta de Google, cuenta de Facebook o con usuario, correo y contraseña), en la cual vas avanzando según el aprendizaje realizado a través de ejercicios de pronunciación y de escritura. Se puede elegir entre nivel principiante o el avanzado. Los idiomas que se pueden aprender son los siguientes: inglés, francés, alemán, italiano, japonés, coreano, ruso y portugués.

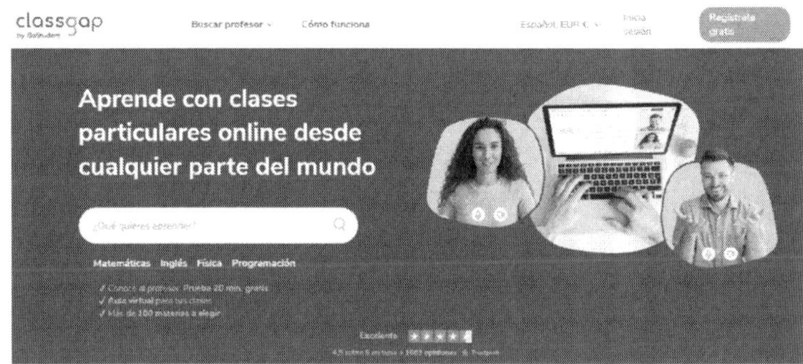

Plataforma de profesores particulares en la cual podemos seleccionar al profesor que más se ajuste a nuestras necesidades por temática, disponibilidad horaria, experiencia o precio; reservamos el día y la hora que más nos convenga para una prueba gratuita de quince minutos o bien una clase completa de una hora y en el día y hora fijados, a través del aula virtual de Classgap, se realiza la clase en forma de videotutoría. Es una opción interesante para personas que opten por un aprendizaje más tradicional o para profesionales de la enseñanza que deseen ofrecer sus servicios en esta plataforma.

Plataforma de formación online del Centro de Apoyo Tecnológico a Ciudadanos y Empresas de Castilla La Mancha que ofrece cursos ordenados en tres bloques (Iniciación TIC, Manejo de herramientas informáticas y Formación y orientación para profesores). Requiere registro previo para poder acceder a los cursos, entre los que ofertan uno sobre búsqueda de empleo y motivación, y cursos sobre seguridad de la información para menores o software libre entre otros.

Programa abierto a todos los ciudadanos de Castilla y León en el que se ofrecen actividades e iniciativas para sensibilizar, formar y asesorar a las personas en la aplicación de las tecnologías a su vida cotidiana. Ofrece formación tanto presencial como *online*, certificación de competencias digitales y voluntariado tecnológico.

Formarse siempre es necesario. No debemos dejar nunca de ser curiosos por lo que nos rodea, pues esa misma es la base del conocimiento y del progreso. Tenemos muchas oportunidades y posibilidades a nuestro alcance para seguir aprendiendo. No dejemos pasar las ocasiones porque las puertas del saber y del conocimiento siempre van a estar abiertas y accesibles para nosotros.

2.7. Formarse y aprender también en Navidad: el saber no conoce ni tiempo ni lugar

La vida debe ser una continua educación.
Gustave Flaubert

Las fiestas de Navidad y de Año Nuevo son días especiales para estar con la familia; para recordar lo bueno y lo malo del año que dejamos atrás; para soñar con un año repleto de bienes; para volver a ser un niño y emocionarse con los Reyes Magos; para releer el *Cuento de Navidad* de Dickens y ser conscientes de que las decisiones que tomemos siempre influirán de uno u otro modo; para comer y beber en grata compañía; para sonreír (a veces con cierta falsedad) y aguantar lo mejor posible en las cenas de empresa aunque ninguno de tus compañeros te caiga bien; para visitar belenes de todos los tipos, tamaños y decoraciones; para zambullirse en el océano de personas que caminan por las calles principales de las atestadas ciudades; para acudir a las estaciones de esquí y disfrutar de la blanca nieve; para viajar, leer, descansar, cocinar, en fin, para hacer o dejar de hacer lo que en otros meses no hemos podido hacer o no hemos hecho, pero también estos días pueden ser un buen momento para ampliar conocimientos y formarse.

Entre corderos, cabritos, besugos, champán y polvorones, sin que se nos atraganten las uvas ni nos desesperen los niños, manteniendo el afán de superación y de mejora profesional, podemos dedicar estos días vacacionales para muchos momentos de encuentro con el saber, tiempo para seguir abriendo nuevas puertas y ampliando objetivos para lograr el éxito laboral en el año que está a punto de comenzar.

Todo momento y/o circunstancia es a menudo excelente para aprender. La educación es un viaje siempre abierto y en evolución que podemos recorrer durante toda nuestra vida. El saber es tan amplio y variado que podemos elegir sin problema dependiendo de nuestras preferencias o trayectorias laborales y profesionales. Es posible enriquecer nuestra mente y nuestro currículum si entre celebración y celebración dedicamos algo de tiempo al gusto por conocer, al deseo de aprender y a la virtud del crecimiento personal. Quizá descubramos nuevos caminos, quizá encontremos una dirección adecuada para enfocar nuestra búsqueda, quizá aprendamos novedosas lecciones de vida. El conocimiento y el saber siempre están ahí, esperándonos, con ganas de que nos acerquemos a ellos y les observemos, les leamos y compartamos nuestros modos de entender la vida y el mundo en torno a nosotros. ¿Quién se apunta a un viaje alucinante por los caminos de la ciencia, del conocimiento y del saber?

A continuación recomendamos algunas páginas de interés donde realizar cursos. Como ya explicamos en apartados anteriores es importante comprobar si es necesario un registro previo para acceder a los contenidos del curso, qué tipo de metodología siguen las acciones formativas, cómo es el sistema de evaluación y si tras la finalización del curso expiden algún tipo de certificado que lo acredite y podamos incluirlo en nuestro currículum o para compartirlo si así lo consideramos conveniente en nuestras redes sociales, actualizando los perfiles profesionales en nuestros portales de empleo.

Página de cursos de pago (más de cincuenta mil disponibles desde doce euros) con gran variedad de temáticas y de contenidos diferentes.

Buscador de cursos con información completa sobre los mismos. A destacar el perfil de Facebook «Hablemos de empleo» (http://www.facebook.com/hablemosdeempleo) en el cual acceder a información y recursos sobre cuestiones laborales de interés.

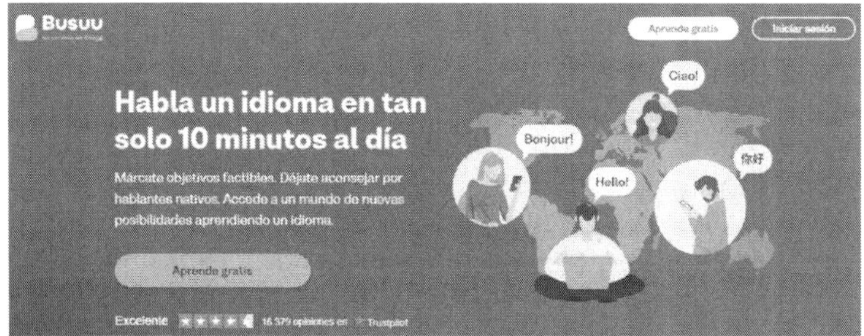

Página para el aprendizaje de doce idiomas de una manera totalmente amena y didáctica. Es necesario registrarse para acceder a los contenidos.

Cursos del Centro de Estudios Financieros en el que se aprenden a identificar los elementos de la marca personal y a diseñar una estrategia de *branding* personal efectiva para cumplir los objetivos profesionales que nos propongamos.

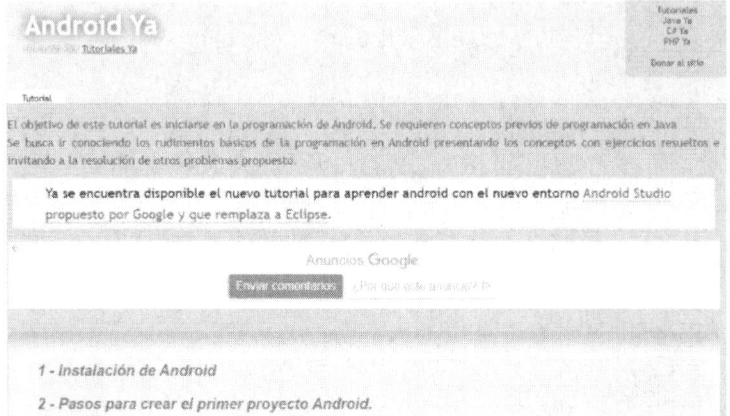

Curso de iniciación a la programación en Android (recomendable). La web apunta que se requieren conocimientos previos de programación en Java. No es necesario registro para acceder al contenido.

Curso online para aprender mecanografía a través de prácticas con distintos tipos de teclado (QWERTY, AZERTY o DVORAK), para mejorar en la velocidad de escritura, la cual siempre es necesaria.

Es recomendable formarse y actualizarse en cada una de las profesiones que desempeñemos. Eso siempre va a aportar valor y compromiso con el trabajo realizado, aunque si tenemos algún tema de especial interés hay muchas maneras y medios de acercarse al mismo, de seguir aprendiendo y conociendo nuevos aspectos sobre él. La formación no solo aporta conocimiento sino también interés y curiosidad.

2.8. Google Actívate y sus cursos gratuitos

Todos tenemos la esperanza de que el mundo
pueda ser un lugar mejor donde vivir
y la tecnología puede colaborar para que ello suceda.
Tim Berners Lee

En este tema quisiera explicar y recomendar la utilización de la plataforma de formación llamada Grow with Google (Google Actívate), creada, animada y puesta en marcha por el gigante tecnológico Google y en la que además colaboran el Ministerio de Economía, Industria y Competitividad, la Unión Europea y la Estrategia de Emprendimiento y Empleo Joven, entre otras instituciones.

Si bien se considera una plataforma de formación orientada principalmente para ayudar a los jóvenes en su proceso de búsqueda de empleo o para el emprendimiento, lo cierto es que no deja de ser interesante y adecuada para que cualquiera pueda realizar alguno de los cursos que se ofertan, no solo por la calidad de los contenidos propuestos sino también para recoger ideas o fórmulas distintas para conseguir nuestro objetivo final de un empleo. El acceso a este tipo de formación y de conocimientos, ambientados principalmente en el mundo digital y *online*, tiene la ventaja de que son totalmente gratuitos y que están certificados y avalados por instituciones como la Universidad Complutense de Madrid, la Universidad de Alicante o la Escuela de Organización Industrial.

Para acceder y empezar a realizar los cursos que se ofertan debemos abrir la web de la plataforma (https://grow.google/intl/es/),

hacer clic en la parte superior donde indica «Descubre nuestros cursos y herramientas», desplazarnos hasta los cursos *online* o utilizar los filtros de la parte izquierda de la página, y en el curso que sea de nuestro interés pulsar sobre la opción «Iniciar sesión», puesto que para acceder al contenido de los cursos y optar al certificado que expiden y que acredita la formación cursada debemos tener una cuenta en Google.

Grow with Google Descubre nuestros cursos y herramientas Grow with Google en España La oportunidad de la IA

Explora nuestras
herramientas y cursos online

Mejorar mi carrera Mejorar mi negocio

FILTRAR POR 76 RESULTADOS

Si ya la tenemos, introduciremos los datos de acceso (correo y contraseña); si aún no hemos creado cuenta en Gmail podemos hacerlo pulsando sobre «Crear cuenta». Siguiendo los pasos para completar el formulario de datos acerca de la cuenta ya podremos disponer de nuestra cuenta nombre@gmail.com y de esa forma realizar virtualmente los cursos.

Cada curso está organizado en una presentación y un número determinado de módulos que desarrollan los contenidos del curso mediante vídeos. Como apoyo a las explicaciones visuales tenemos la posibilidad de descargar en formato PDF un documento con los temas tratados en cada módulo y una bibliografía de referencia muy útil que complementa y amplía las explicaciones. Al finalizar cada uno de los módulos del curso nos solicitan que contestemos a una serie de preguntas tipo test como medio de valoración de los conocimientos adquiridos, y una vez superados todos los módulos realizaremos un examen final con preguntas de todos los temas tratados en el curso. Si logramos superar con éxito ese examen final obtendremos un certificado digital del curso realizado que por supuesto debemos incluir en nuestro currículum en el apartado «Formación».

Si por cualquier motivo queremos valorar primero los cursos o tenemos interés, pero no nos importa el certificado de superación del curso podemos acceder a los contenidos multimedia de cada uno de los cursos en la cuenta de Google Actívate de Youtube a través del enlace del código QR.

Son setenta y seis los cursos que se ofertan actualmente (noviembre 2024), muchos de ellos relacionados con el *marketing* y el comercio *online*, y otros especialmente útiles para todos aquellos y aquellas que están buscando empleo, quieren mejorarlo o quieren saber más sobre temas como la marca personal o la inteligencia artificial. Estos cursos recomendables son los de Productividad Personal y el curso de Transformación Digital para el Empleo. Otros cursos a los que podemos acceder son los siguientes: Marketing Digital, Comercio Electrónico, Cloud Computing, Desarrollo de Apps y Desarrollo Web I y II.

El mundo digital y *online* ha revolucionado no solo la economía y la manera en la que las empresas llegan al cliente sino también otros ámbitos como el del empleo, abriendo nuevas posibilidades no solo para la propia búsqueda de empleo en sí sino también ampliando el número de profesionales que son necesarios para valorar, interpretar y saber vender en este universo invisible, pero accesible. Muchos de los cursos que ofrece la plataforma Actívate se desarrollan en este sentido, bien para el acercamiento o conocimiento de realidades digitales que no entendemos muy bien o desconocemos, bien para abrir nuevos caminos y posibilidades en los candidatos que apuesten decididamente por el mundo digital. El universo de las nuevas tecnologías es un excelente nicho de empleo presente y futuro. Debemos plantearnos esto. Debemos valorar la posibilidad de sumergirnos y profundizar en ese océano de posibilidades en construcción que es lo digital, que es Internet, que es lo virtual. Ya hoy una buena parte del trabajo se encuentra allí y se accede a él a través de allí. Cada vez más empresas buscan en la Red candidatos ideales para cubrir las vacantes. Cada vez es más importante la reputación digital, la marca personal, el *bussiness* digital. Y la tendencia es que seguirá creciendo y aumentando con nuevas formas y modelos, con nuevas herramientas y funcionalidades.

El tren de la tecnología es un tren de largo recorrido, no exento de dificultades, es cierto, pero de largo recorrido. Ahora somos nosotros quienes decidimos si dejarlo pasar o subirnos a él. Por eso quería recomendar esta plataforma de formación. Por eso animo a los candidatos, a las candidatas y a todos los curiosos por el mundo digital a realizar alguno de sus cursos. Si estamos buscando empleo el curso de Productividad personal y el de Transformación digital seguro que nos aportarán claves y modelos para replantear nuestras estrategias de búsqueda o de acceso al empleo. Si tenemos curiosidad por lo digital cualquiera de los otros ofertados nos será útil, aunque por recomendar sugeriría los de *Marketing* digital, Comercio electrónico y Desarrollo de apps, tendencias de futuro claras y para las que siempre se necesitarán buenos profesionales preparados y formados en esas materias. Ahora solo queda ponerse en marcha e iniciar el aprendizaje.

2.9. *Vuelta al cole, aprender para mejorar: la formación en la búsqueda de empleo*

La educación ayuda a la persona
a aprender a ser lo que es capaz de ser.
Hesiodo

En este tema voy a compartir ideas, reflexiones y sobre todo sugerencias referidas a la formación en general y la importancia que esta tiene tanto en nuestro currículum como en el propio proceso de búsqueda de empleo. Podemos afirmar sin ninguna duda que la formación siempre aporta valor — mucho valor— a nuestra candidatura. O al menos debería aportarlo.

Como seguramente ya sepan los lectores se suele dividir la formación en formación reglada y formación no reglada, amén de otras clasificaciones como la formación en alternancia, la formación modular, la formación profesional ocupacional, la formación profesional continua o la formación profesional para el empleo. La formación reglada se refiere a los estudios oficiales como la antigua EGB (hoy Educación Primaria y Educación Secundaria), las Licenciaturas universitarias (hoy llamados Grados), las Diplomaturas, Ingenierías, Máster y otros estudios análogos. En cuanto a la formación no reglada es aquella que no está planificada por el Ministerio de Educación, Cultura y Deporte ni por las Consejerías de Educación de las Comunidades Autónomas que tengan las competencias en esta materia. Por ello, dentro de la formación no reglada, cabría cualquier curso formativo (ya sea presencial, semipresencial o a distancia) entre otros.

En el currículum solemos diferenciar entre formación académica (reglada) y formación complementaria (no reglada). Es importante y necesario mencionar en el currículum los dos tipos de formación. Es fundamental saber seleccionar y adaptar los cursos al puesto de trabajo al que deseamos optar. Y también es recomendable que hagamos mención de otras formaciones siempre que creamos que estas vayan a aportar valor a nuestra candidatura. Es conveniente reseñar en nuestro currículum aquellos cursos relacionados con las nuevas tecnologías en general y especialmente aquellos de informática. También estaría bien mencionar los cursos de idiomas, pero siempre que sean oficiales, es decir, que se hayan cursado en Escuelas Oficiales de Idiomas o en aquellos lugares oficiales o certificados que puedan justificar nuestro nivel de idioma según el Marco común europeo de referencia para las lenguas.

Una cuestión destacada es que debemos evitar en la medida de lo posible la sobrecualificación curricular, o dicho de otro modo, no abusar de la referencia a cursos en el currículum. Repito que es conveniente poner solo aquellos cursos relacionados con el puesto de trabajo o con el perfil que estemos enviando; también aquellos que no estén relacionados directamente con el puesto, pero creamos que aportan mucho valor a nuestra candidatura, ya sea por el número de horas cursadas, ya sea por la institución de prestigio donde hayamos realizado el curso o ya sea simplemente para destacar otras cualificaciones y habilidades a nuestra candidatura.

En cuanto a poner las horas o no de los cursos de formación la regla más general sería mencionar únicamente aquellos que superen un mínimo de cincuenta horas formativas, puesto que es a partir de ese número de horas cuando se considera que la acción formativa se ha aprovechado y se ha aprendido en el curso, por lo que a mayor número de horas de formación más conocimientos y mejor aprovechamiento del curso. A continuación recomendamos una serie de páginas web en las cuales se puede acceder a cursos tanto gratuitos como de pago, en este caso de formación no reglada, para complementar o ampliar nuestros conocimientos.

Educaweb

Buscador de cursos de distintas temáticas que ofrece toda la información relativa a los contenidos y programa del curso. Cuenta con bolsa de empleo para orientadores y gestores de cuentas en la opción «Trabaja con nosotros». Además dispone de una sección bastante interesante sobre orientación laboral.

Aulaclic

Web de cursos gratuitos de autoaprendizaje especializada en informática en la cual podemos acceder a un amplio y completo catálogo de cursos actualizados que combinan la explicación con videotutoriales y ejercicios de repaso y evaluación.

Campus digital

Página de cursos a distancia que permite probar algunos de ellos con temáticas y contenidos muy diferentes. Entregan certificado de participación al finalizar los cursos. Es necesario registro en la página.

Formación DKA

Página que cuenta con algunos complementos a los cursos como podcast culturales, información para padres sobre la educación de los hijos, videotutoriales de algunos programas y recomendaciones sobre técnicas de estudio.

Floqq

Web con miles de videocursos a precios asequibles que solicita registro previo.

APRENDER INGLÉS

Enlace en el que podemos encontrar información sobre diez enlaces/recursos para aprender y/o estudiar inglés de manera totalmente gratuita.

Digital House

Coursera

Web de cursos de universidades y entidades internacionales como universidades y centros de formación de prestigio en varios idiomas que precisa de registro previo.

Quisiera seguir insistiendo en la importancia y en los efectos que tiene la educación y la formación no solo en nuestro ser sino en el proceso de búsqueda y de acceso a un empleo. Lo que se conoce como aprendizaje a lo largo de la vida sigue siendo hoy claramente un modelo válido y acertado de formación para, por y durante la etapa laboral.

La revolución en las comunicaciones y en los medios de información, unidos a la automatización y la especialización de muchos procesos y actividades industriales y productivas implican ya de por sí la necesidad de actualización constante y veraz del conocimiento para todos los empleados, lo que significa que son las propias empresas las que pueden formar a sus propios trabajadores, o bien que los trabajadores se formen de manera autónoma o autodidacta en su ámbito laboral concreto, bien a través de programas como los que ofrece la Fundación Tripartita (https://www.fundae.es), bien acudiendo a sindicatos y otras organizaciones (https://www.forem.es), utilizando los planes de formación para el empleo de las entidades públicas como las propias comunidades autónomas (http://www.fafecyl.jcyl.es) o a través de la formación bonificada para empresas.

Debemos ser conscientes de la importancia que tiene la formación en el currículum. Un estudio de la Universidad de Duke (https://goo.gl/D68XD3) investigó el peso de los cursos *online* en los currículum de varios candidatos consultando a los departamentos de recursos humanos de más de un centenar de empresas de los Estados Unidos. Los resultados no dejaron lugar para la duda sino más bien para el convencimiento. Más del 70% de los reclutadores de las empresas aseguraban influencia positiva o muy positiva en sus decisiones para la contratación de un candidato concreto cuando este había cursado estudios MOOC y los había incluido en su currículum. Hacer cursos, avanzar en el conocimiento, tener voluntad y ganas de aprender son valores importantes para las empresas e indican motivación en el candidato. Y es también destacable que si muchas empresas ya optan por la selección de empleados a través del currículum ciego, lo cierto es que cobra mucho más peso la formación. Las empresas otorgan mucho valor a la creatividad, a la motivación y al talento. Hay incluso empresas (sobre todo de la rama tecnológica) que están fijándose más en los impulsos autodidactas del candidato que en la propia educación formal. No hay que dejar de señalar y de resaltar la formación en el currículum, pero sí adaptarla al puesto o al sector, independientemente que tengamos decenas de cursos de distintas temáticas o sectores. Es mejor destacar aquello más relacionado con el sector o la oferta de empleo que aquello que nada o poco tienen que ver con ella, aunque sería valorable y a todas luces adecuado preguntarse cuáles de mis otros cursos pueden ser beneficiosos para mi candidatura si los menciono en el currículum.

A continuación compartimos una sugerencia de páginas web donde acceder a cursos que espero sean de su interés:

Plataforma de cursos MOOC de universidades de todo el mundo que ofrecen interesantes contenidos y temáticas desarrolladas por expertos internacionales. Se puede solicitar un certificado con coste adicional. Es necesario registro previo para acceder al contenido de los cursos. La página y la mayoría de cursos son en inglés.

Página de cursos Open Course Ware de la Universidad Carlos III de Madrid en la cual podemos descargar cursos clasificados por temáticas en un archivo comprimido. También permite la descarga de apuntes de algunas asignaturas de ciertos grados o ingenierías en el apartado «Titulaciones».

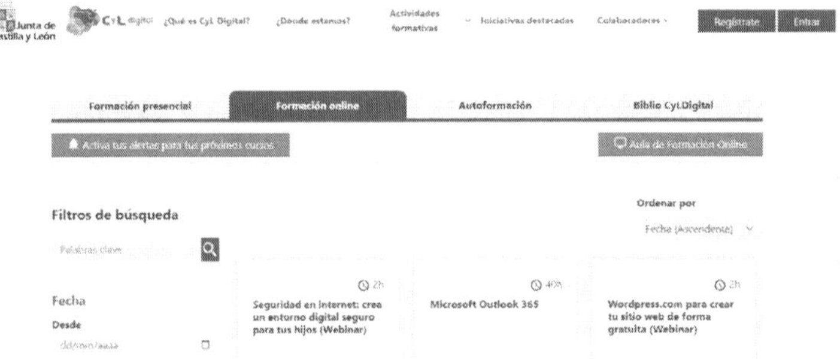

Espacio dedicado a la formación del proyecto Castilla y León Comunidad Digital, en el cual encontramos actividades formativas presenciales y a distancia organizadas por categorías de duración diferente y a los cuales se puede acceder por inscripción previo registro en la plataforma. Los cursos a distancia utilizan la metodología de *webinars* (sesiones formativas en directo *online*) en los cuales nos conectamos a la plataforma y el formador va desarrollando a través de una videoconferencia grupal los contenidos de la charla-taller.

¡La forma divertida, efectiva y gratis de aprender un idioma!

EMPIEZA AHORA

YA TENGO UNA CUENTA

Web para el aprendizaje y/o mejora de idiomas (inglés, francés, alemán, italiano, portugués, guaraní, esperanto y catalán). Requiere registro previo y es una metodología de aprendizaje o refuerzo de idiomas bastante entretenida.

2.10. *Recursos para la búsqueda de empleo en la provincia de Salamanca*

En este tema queremos recomendar a todos los que buscan empleo algunas páginas web donde pueden encontrar ofertas en Salamanca y provincia. En estas páginas se accede a información relativa al puesto de trabajo ofertado, el lugar, las condiciones y la forma para enviar el *curriculum vitae.*

Vamos a comentar de manera especial un recurso esencial para todos aquellos que estén buscando empleo en Salamanca: la Plataforma Salmantina de Entidades por el Empleo, recurso que aglutina a importantes asociaciones, las cuales ofrecen servicios de intermediación laboral en la provincia (algunas también funcionan como Agencias de Colocación). La Plataforma es un proyecto surgido en el año 2010 y que cuenta entre sus fines con el de luchar contra la exclusión social desde el ámbito del empleo. Actualmente esta plataforma la componen dieciséis entidades que realizan acciones como talleres formativos, orientación laboral, acompañamiento en el proceso de búsqueda de empleo y gestión de ofertas de trabajo.

A continuación ofrecemos algunos enlaces para acceder a las ofertas de empleo de algunas de estas entidades de la plataforma.

Hay que señalar además que la mayoría solicitan inscripción y/o registro en la bolsa de empleo de demandantes de su organización.

Cáritas Salamanca

Asociación TAS

Salamanca Acoge

Asecal

YMCA

Por otro lado podemos acudir también a las Agencias de Colocación, entidades públicas o privadas que realizan actividades orientadas a la inserción laboral de los desempleados y desempleadas. Son un recurso tanto del Servicio Público de Empleo Estatal como de los Servicios de Empleo de las Comunidades Autónomas, y que orientan, asisten y ayudan a los candidatos a buscar empleo de la manera más efectiva posible.

A continuación señalamos la web en la cual se pueden conocer cuáles son las agencias de colocación que actúan en Salamanca y una web llamada Gestionándote que recoge ofertas de empleo de la mayoría de agencias de colocación de toda España.

*Agencias de colocación de Salamanca:

*Plataforma Gestionándote:

Más recursos para la búsqueda de empleo en Salamanca:

Para empezar el Ayuntamiento de Salamanca dispone del CEFOL (Centro de Formación y Orientación Laboral), el cual desarrolla acciones de información, orientación, asesoramiento y fomento del empleo.

También desde el Ayuntamiento de Salamanca se promociona y fomenta el Programa Millenials para el empleo joven. Más información:

Un paso importante en nuestro proceso de búsqueda de empleo es conocer el mercado de trabajo, es decir, saber qué puestos tienen mayor demanda o cuáles cuentan con mayor ocupación. Para ello podemos consultar el Informe del mercado de trabajo de Salamanca, realizado por el Observatorio de las Ocupaciones del Servicio Público de Empleo Estatal, informe en el cual encontraremos esa información sobre ocupación y situación del mercado de trabajo en la provincia.

El Observatorio Provincial de Empleo se encuentra en Salamanca en la Av. Hilario Goyenechea, 2-40, Teléfono: 923216709, sede también de la Gerencia Provincial del SEPE en Salamanca.

Otras páginas web interesantes para buscar ofertas de empleo en Salamanca

En redes sociales

Facebook

Twitter

Otras páginas web

*Boletín de empleo ECYL:

*Boletín Oficial de la Provincia de Salamanca (para consultar convocatorias de empleo público, bolsas de empleo o concursos):

*Lanzadera de empleo de Salamanca:

*En Béjar:

*Claves y prácticas para buscar trabajo a través del móvil:

*Guías prácticas para la búsqueda de empleo:

2.11. Consejos y recursos para la búsqueda de empleo: buscadores de empleo

Si bien buscas, encontrarás.
Platón

En este tema compartimos algunos consejos que consideramos de interés referidos a los buscadores de empleo, páginas web en la que podemos encontrar el acceso o enlace directo a ofertas subidas en otras páginas web.

- *Los metabuscadores nos ahorran tiempo y esfuerzo.*

Es conveniente acudir y utilizar uno o varios de los metabuscadores de empleo que existen en Internet para acceder a la información sobre ofertas de empleo. En estos se recogen multitud de ofertas de trabajo que aparecen en diversas páginas o redes de empleo, funcionando como una especie de «biblioteca de ofertas», en la cual el usuario puede acceder y buscar sin demasiados problemas lo que mejor se adecúe a sus preferencias.

Esta búsqueda además es otra de las grandes características de estos metabuscadores, pues parece del todo sencilla y accesible para cualquier persona aunque no tenga muchos conocimientos informáticos. De hecho, la mayoría de metabuscadores contienen dos simples cajas de búsqueda que responden a las preguntas sobre qué quiero buscar y dónde. Dependiendo del filtro introducido (lo que se conoce como palabra o palabras clave) el metabuscador nos ofrecerá como resultados de esa búsqueda algunas de las ofertas que aparecen en las webs de empleo considerando esos criterios. Así, si por ejemplo introducimos en las cajas de búsqueda «camarero» y «Madrid» obtendremos como resultado todas las ofertas de empleo que el rastreador encuentre de trabajos de camarero en la ciudad de Madrid, acotando de este modo una búsqueda más general, la cual a veces no solo se hace tediosa sino que en algunas ocasiones no nos aporta ni nos muestra con tanta concreción lo que necesitamos.

Los metabuscadores son siempre una excelente opción de búsqueda de empleo no solo por la facilidad de uso sino por la gran cantidad de ofertas a las que podemos acceder.

Algunos de los metabuscadores más recomendados son Indeed, Trovit, Jobijoba, Trabajo.org, Jobatus o Studentjob entre otros.

• *Las páginas temáticas de empleo nos concretan mucho la búsqueda.*

Una página temática de empleo no es más que una página web en la que encontramos ofertas de empleo de un sector o profesión determinados. Las hay de todos los tipos y sectores productivos. Normalmente la mayoría de ellas no solo incluyen las ofertas de empleo como tal sino también otro tipo de recursos como pueden ser noticias u orientación laboral entre otras. Suelen ser páginas que recopilan o rescatan ofertas de empleo de un sector o perfil concreto y las suben a esas webs temáticas para que los buscadores de empleo puedan acceder a la información sobre ellas. Es de gran utilidad este medio de búsqueda porque nos mostrarán solamente las ofertas filtradas previamente de un sector, de un perfil o puesto determinado, siendo más acertada o dirigida esa búsqueda en cuanto a estudios, formación o experiencia, de modo que podamos obtener la información sobre las ofertas de empleo que mejor se ajusten a nuestro perfil o a nuestros conocimientos.

Son muy variadas y completas las opciones de páginas temáticas de empleo pero entre las más interesantes están las siguientes: Turijobs, Tecnoempleo, Gastroempleo o Construyendoempleo.com entre otras.

• *Los portales de empleo son la mejor y la peor de las soluciones.*

Cuando acudimos a buscar ofertas en los portales de empleo más conocidos (Infojobs o Infoempleo por ejemplo) encontramos miles de ofertas divididas por temáticas. Si bien esta ingente cantidad de ofertas nos llena de ilusión y de confianza, por otra parte son motivo de preocupación algunas veces, sobre todo cuando queremos inscribirnos en la oferta y nos piden estar registrados en cualquiera de esos portales de empleo.

Seguro que muchos hemos pasado por este trago (a veces interminable) de registrarse, pasar ventanas completando datos, pelear con los captcha que aparecen a veces para confirmar que no somos robots, subir los muchos datos de nuestros currículum tantas veces como nos lo pidan, y al final parece que la ilusión se convierte en decepción. Pero es muy importante registrarnos en los portales de empleo, no solo por la cantidad de ofertas de empleo a las que podemos enviar nuestra candidatura sino también por la visibilidad, es decir, que las empresas puedan visitar y consultar nuestros perfiles y valorar un posible contacto.

Una apreciación importante cuando así lo permitan los portales: tengamos varios currículums para que podamos enviar el más adecuado para cada una de las ofertas a las que nos inscribamos, adaptando nuestra candidatura siempre y en la medida de lo posible al trabajo al que deseamos optar.

Puede haber mucha competitividad en los portales debido al elevado número de currículum que se envían a una oferta, pero enviemos nuestra candidatura porque es igual de válida y puede ser igual de considerada que todas las demás.

2.12. *Promoción y descarte de candidatos en redes sociales: algunas ideas*

En el pasado eras lo que tenías, ahora eres lo que compartes.
Godfried Bogaard

Aumenta cada vez más el número de empresas y de reclutadores que observan las redes sociales para buscar candidatos y así conseguir personal más fácilmente, y parece que cada día va en aumento.

Las redes sociales brindan un estupendo escaparate a las empresas para buscar, conocer y contratar trabajadores con determinados perfiles, aunque por otra parte sean también el lugar donde pueden saber más acerca de los propios empleados.

No está de más recordar la importancia de contar con perfiles profesionales adecuados y que siempre fortalezcan nuestra candidatura de empleo. De una u otra forma tenemos que ser conscientes que las redes nos pueden ayudar mucho, pero también nos pueden perjudicar. Debemos cuidar y proteger nuestros perfiles en redes sociales como si fuesen nuestra propia vida (y de hecho en parte lo son), teniendo claro qué es lo que subimos, qué compartimos o qué comentarios realizamos. Todo influye. Todo se tiene en cuenta. Todo se valora. Todo tiene su importancia en una candidatura de empleo.

Descuidar o desproteger este aspecto y contenido más profesional al que debemos dotar nuestros perfiles sociales puede significar no acceder a un puesto de trabajo o incluso, en algunos casos, perderlo por comentarios, imágenes o contenidos inapropiados. De hecho, entre los motivos principales esgrimidos por los reclutadores para descartar a una persona en redes sociales están los siguientes:

- El principal motivo son las mentiras e incoherencias detectadas entre lo que el candidato puede explicar o comentar en una entrevista de trabajo y lo que publica en sus redes sociales. Siempre deberíamos buscar un cierto equilibrio entre lo que decimos y lo que publicamos. Las empresas valoran mucho la honestidad, la transparencia, y esto es un valor que puede quedar en entredicho por aquello que publicamos o compartimos en nuestras redes sociales.

- Como ya hemos indicado con anterioridad otro motivo de descarte son las fotos o vídeos que publica un candidato. Podemos pensar que no pasa nada por publicar o compartir cualquier imagen o cualquier vídeo en nuestros perfiles. Otros lo hacen y tampoco pasa nada. Hay muchos vídeos virales que son compartidos por millones de personas en todo el mundo y no pasa nada. Pero la cuestión es que a veces sí que pasa, sobre todo cuando ese contenido no se ajusta a las características, a la filosofía o al ideario de la empresa, o cuando se muestran o expresan comportamientos inadecuados para el empleador, pues puede existir una imagen antitética en relación a lo que nos gustaría que la empresa viera sobre nosotros y la realidad. Se puede producir un llamativo desfase entre lo que somos y lo que nos gustaría que pensaran las empresas que somos.

- Un motivo importante de descarte (y cada vez mayor), al que tantas veces podemos no prestarle la atención y la importancia que tiene, es el de cometer graves faltas de ortografía en las publicaciones o en los comentarios que

Una empresa despide a un empleado por compartir en Facebook una foto que se hizo a sí mismo mientras conducía

20MINUTOS | NOTICIA | 05.06.2021 - 12:38H

- El trabajador alegó que se habia vulnerado su intimidad y la justicia lo niega, aunque sí considera improcedente el despido.

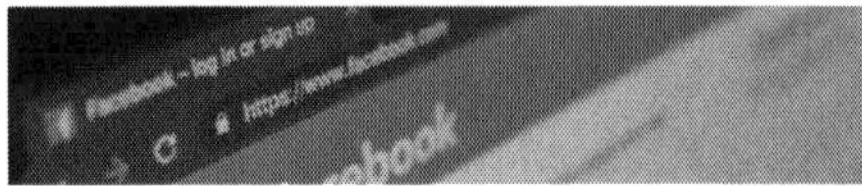

subamos a las redes sociales. Nunca está de más recordar e insistir en el hecho de que una buena corrección lingüística es síntoma de un conocimiento adecuado sobre las reglas que rigen y organizan la escritura, porque aunque pensemos que no es importante puntuar bien sí que es una cuestión principal, máxime cuando están observando y valorando nuestras habilidades comunicativas, no solo en relación a lo que decimos sino también a cómo lo decimos.

Saber expresarnos correctamente tanto de palabra como escribiendo siempre va a contar a nuestro favor, por lo que no olvidemos ni desestimemos este punto dentro de nuestra candidatura de empleo. Escribir bien es casi tan importante como hablar bien, y más en los tiempos actuales, donde debido a determinadas aplicaciones tecnológicas, como por ejemplo los programas de mensajería instantánea, parece que nos estamos olvidando de escribir y de puntuar bien. Es un hecho que ya llevan observando hace tiempo profesores y docentes de grados formativos superiores.

Es necesario reforzar este aspecto durante toda la vida académica e incluso profesional con clases, cursos, manuales, actividades de refresco y de refuerzo, talleres de escritura y puntuación profesionales. Todo es bienvenido cuando vaya a ser positivo para nuestra vida, y por supuesto para nuestra candidatura de empleo. Y esto puede serlo. Aprendamos a escribir y puntuar bien.

No quiero dejar de incidir en la importancia de cuidar y de profesionalizar lo máximo posible nuestras redes sociales si no queremos recibir ninguna sorpresa desagradable en cualquier momento, ya sea un descarte de una candidatura, un despido o algo similar. Se han dado (y además están documentados) muchos casos en los que lo que ha publicado o compartido un candidato en redes sociales ha sido motivo de despido o de la apertura de un expediente. Tengamos cuidado y prestemos la máxima atención a lo que aparece en redes porque lo que se sube o se publica en Internet permanece en Internet y puede ser observado por muchos millones de personas.

Volviendo al tema que nos ocupa queremos destacar los siguientes motivos que pueden jugar a nuestro favor en redes sociales:

- Que exista una clara o aparente coherencia entre lo que el reclutador ha observado en nuestras redes sociales y lo que ha visto y observado durante el proceso de selección, o dicho de otro modo, que lo que está plasmado y reflejado en nuestro currículum (con los métodos y habilidades que alegamos) esté también de alguna manera reflejado en nuestras publicaciones o en aquello que compartimos en redes.

- Respeto y tolerancia hacia todo tipo de opiniones. El respeto debe ser uno de los valores prioritarios que debe cuidar y entrenar cada candidato. Por mucho que nos molesten, que nos ofendan o que no estemos de acuerdo con los comentarios o publicaciones de otros usuarios siempre deberá prevalecer el respeto a todos ellos para que el reclutador o la empresa no tengan la sensación de que somos personas intolerantes e intransigentes cuando es precisamente todo lo contrario. Debemos hacer todo lo posible para mantener esa coherencia entre lo que somos y lo que publicamos o lo que compartimos en nuestras redes sociales.

Otros dos aspectos muy importantes que seguramente vayan a sumar en nuestra candidatura son los siguientes: que seamos buenos comunicadores (no solo hablando sino también puntuando, y las dos cosas se entrenan) y que estemos al día y actualizados acerca de lo que ocurre o lo que se cuece en nuestros ámbitos profesionales, es decir, que sepamos cuáles son las tendencias, las novedades técnicas o tecnológicas y los cambios que se están produciendo dentro de nuestras profesiones. Esto siempre va a transmitir a la empresa la imagen de un candidato curioso, atento a lo que sucede a su alrededor, consciente de los cambios y novedades en su sector y esto nunca deberá restarnos o quitarnos puntos de nuestra candidatura. Son cuestiones además que podemos demostrar y que nos darán la oportunidad de brillar con mucha más luz en la entrevista de trabajo, momento perfecto en el que podremos demostrar nuestra auténtica valía como comunicadores y como profesionales que están al día. Todo sea por lograr el objetivo fijado: un empleo.

Capítulo 3

MISCELÁNEA LABORAL

3.1. *Profesiones y perfiles del empleo verde y sostenible*

Ser sustentable no es solo lavar las culpas
ni solo cuidar el medio ambiente,
sino ser socialmente justo, responsable con el ambiente
y, por lo tanto, también económicamente viable.
Cecilia Goya de Riviello

En este tema queremos comentar algunas de las profesiones y de los perfiles profesionales relacionados con este tipo de empleos verdes y/o sostenibles que están ahora más solicitados y que podrán ser todavía más demandados en un futuro no muy lejano. Antes de esto hay que incidir en que cada vez más se percibe un aumento de la conciencia medioambiental para proteger y salvaguardar la vida del planeta. En el informe de la OCU «Otro consumo para un futuro mejor: nuevas economías al servicio de las personas y el planeta» (https://www.ocu.org/otro-consumo-futuro-mejor), se afirma que casi tres cuartas partes de los consumidores españoles ya toman decisiones de compra basadas en motivos éticos y de sostenibilidad, un consumidor que «no adquiere más de lo que necesita, mira las etiquetas para comprobar la composición y el origen de los productos, recicla e intenta reducir al máximo los residuos que genera, apuesta por un consumo de proximidad y opta siempre que puede por el comercio local».

Muchas personas ya se han apuntado al consumo ecorresponsable con todo lo que ello conlleva, ya sea la protección medioambiental o el uso más eficiente y ecológico de los recursos. Hay una figura que está teniendo cada vez más importancia en nuestras sociedades, el experto en sostenibilidad, el que algunos definen como el Capitán Planeta de las empresas. Y es que la sostenibilidad es una tendencia en aumento dentro de muchas empresas, lo que a su vez demanda profesionales expertos en los ámbitos relacionados con ella. Son personas que fundamentalmente provienen de la ingeniería, de la arquitectura, de las ciencias ambientales o de algunas de las ramas de las ciencias sociales como el Derecho.

Pero ¿qué requisitos o condiciones deben cumplir los expertos en sostenibilidad? Algunos de ellos podrían ser los siguientes: poseer formación científica; capacidad de aprendizaje de nuevas técnicas y procesos del sector; trabajo en equipo multi e interdisciplinar; estar actualizado en nuevas tecnologías y ser capaz de evaluar su impacto social; capacidad para encontrar la manera de minimizar lo máximo posible el impacto medioambiental de las actividades industriales y económicas; asunción de un código ético de conducta y acción basada según la estrategia de sostenibilidad de la empresa; aconsejar e incentivar a organizaciones y a las personas a tomar conciencia del impacto de su actividad si no se cumplen determinados estándares de sostenibilidad.

¿Y qué profesiones y perfiles sostenibles están o estarán más demandados por las empresas?

• *Agricultores/as biosaludables.* La alimentación agroecológica es demandada cada vez más por muchos consumidores. Son aquellas personas que quieren comer productos más ecológicos, sin pesticidas, sin tratamientos químicos ni envueltos de plástico para los alimentos. Esto demanda agricultores que puedan reinventarse y desarrollar nuevas técnicas de cultivo o de recogida de esos productos ecológicos. Y derivado de esto podrían surgir otros perfiles como pilotos de drones para controlar las cosechas o para vigilar el uso de pesticidas en las plantaciones; ingenieros técnicos agrícolas que desarrollen sistemas de lucha contra las plagas y biotecnólogos o granjeros de OMG (Organismos Modificados Genéticamente), aquellos capaces de crear y producir nuevas especies de alimentos con propiedades específicas que por ejemplo logren erradicar las hambrunas.

• *Ecoarquitectos/as.* Profesionales que puedan optimizar los recursos naturales y reducir su impacto medioambiental utilizando materiales como la madera, la propia vegetación o aislantes térmicos que redunden en una mayor integración y respeto por el entorno y la puesta en marcha de soluciones tecnológicas como la domótica, la eficiencia energética y la eficiencia bioclimática.

- *Técnicos/as especializados/as en la planificación de territorios.* Aquellos/as que deben estudiar, revisar y valorar propuestas de proyectos medioambientales para indicar si se cuentan con las mejores condiciones para poder instalar un parque eólico o placas fotovoltaicas entre otros, elaborando planes de acción y recopilando posibles consultas o preguntas que puedan surgir desde distintos ámbitos como empresas, entidades o ciudadanos.

Estos profesionales inspeccionan las condiciones del terreno, evalúan el impacto ambiental de los proyectos de energías alternativas y aprueban o rechazan el desarrollo y la puesta en marcha de proyectos sostenibles con el medioambiente y con las personas y seres que lo habitan.

- *Ingenieros/as de reciclaje y de biorrefinación.* Dos profesiones que deberían procurar una mejor utilización de los materiales usados en la construcción o en el empaquetado de alimentos. El ingeniero de reciclaje, por ejemplo, debe conseguir que todos los materiales (o si no la gran mayoría) que se usan en la cadena de producción procedan de materiales reciclados, de modo que se alargue su vida útil y se fomente y promueva la economía circular, procurando de esta manera ahorro de costes y aumento de la productividad en las empresas, algo que se empieza a notar en la industria automovilística o en la aeronáutica entre otras.

El ingeniero biorrefinador por su parte debe ser capaz de manipular esa materia biológica para que pueda ser reutilizada y obtener gracias a ese proceso otros productos nuevos como biocombustibles o compuestos de farmacia y de medicina.

- *Abogado/a ambientalista.* Aunque este perfil ya es importante, lo será mucho más en los próximos años, con una gran demanda por parte de las empresas como asesor medioambiental. Su asesoramiento será sobre todo en relación a las conductas éticas y responsables con las estrategias de desarrollo de negocio y el respeto al medioambiente. Su trabajo también será fundamental para prevenir casos de mala praxis.

- *Analista de riesgos de catástrofes.* Perfiles encargados de predecir (siempre que sea posible) el daño que podrán causar fenómenos naturales como huracanes, tormentas tropicales, erupciones volcánicas, tsunamis o terremotos entre otros, y asesorar e informar a las compañías aseguradoras con el fin de pronosticar, evaluar y valorar el coste de estos fenómenos naturales que afectan especialmente a determinados lugares con más fuerza e intensidad.

Otros perfiles demandados podrán ser los siguientes: consultores de residuos, administradores de la huella del agua, gestores de energía o productores de energía marina. Son muchos y muy variados los perfiles verdes que están en la palestra, y serán muchos otros los que seguramente aparecerán en los próximos años, pero todos comparten un objetivo más o menos común: que la vida en este planeta sea un poquito mejor o lo más adecuada posible. Y esto, que debería ser algo propio de nuestra naturaleza, muchas veces lo olvidamos con nuestros comportamientos medioambientales. Debemos cuidar mucho más y mejor la naturaleza. Se necesitan profesionales que nos recuerden el verdadero valor de la tierra. El hombre siempre ha tenido una difícil convivencia con su entorno natural, por eso es bueno, urgente y necesario que nos insistan con su valor, con su importancia y su necesidad. A este respecto quisiera compartir un poema que aparece en mi libro *El canto alegre de los jilgueros*, una recopilación de poesías y de haikus sobre la naturaleza.

El árbol de la vida
intenta echar raíces
pero parece bloqueado
por las guerras
los miedos
la violencia
la pobreza
la injusticia
las hipotecas
las *fake news*
las criptomonedas
los robots
las novelas muy, muy negras
el dolor de un niño
que llora por las aceras,
el final de un anciano
que muere en una casa desierta.
¡Cuánto mal en el mundo!
¡Cuánta desigualdad en la tierra!
¡Cuánto maltrato a la Naturaleza!
Y aquí seguimos
indiferentes
cobardes o temerosos
impávidos y asustadizos
echando el peor de los abonos
regado con agua contaminada
descuidando o atacando
sin piedad ni misericordia
al árbol de la vida,
al árbol de nuestra vida,
al árbol de otras vidas
sin saber si mañana
lo encontraremos muerto.

3.2. Profesiones y empleos para 2026: anunciando el futuro

Siempre que se inicia un nuevo año este viene cargado de estupendos propósitos, geniales proyectos, ilusiones inigualables y esperanzas inimaginables, también en lo laboral, ya sea esperando una mejora en las condiciones de trabajo o accediendo a un nuevo empleo. Sean cuales fueren estos deseos de cada uno de los trabajadores y de los demandantes de empleo espero que este año esté repleto de trabajo, de alegrías y de múltiples satisfacciones en lo que a lo laboral se refiere, hechos que serían un indicativo de que la situación general a nivel de país mejora, y que esta mejoría también puede tener su reflejo en las poblaciones del entorno rural que tengan altas tasas de desempleo. Otra cosa bien distinta, aunque estrechamente relacionada con ella, es la calidad y las condiciones de ese empleo, que ya es otro cantar, y, por cierto, un canto bastante desafinado y desentonado en muchos casos.

En general no hay mucha variación en cuanto a dónde se moverán las ofertas de empleo respecto a años anteriores. El mundo digital, el comercio y las finanzas siguen ocupando los primeros puestos en cuanto a las profesiones más demandadas. Y es que continúa la tendencia ya iniciada años atrás según la cual las profesiones relacionadas con el ámbito tecnológico y económico son aquellas con mayor necesidad de profesionales bien preparados y cualificados en esos ámbitos y sectores, ya sea por la propia especialización de muchos perfiles como veremos más adelante o por la amplitud de oportunidades de empleo que siguen generando y ofreciendo estos sectores.

Vayamos a conocer algunas de las profesiones que los expertos vaticinan serán las más buscadas y/o solicitadas durante el 2026, y quizá por qué no también en el futuro.

- *Analista de datos.* Es quien revisa, examina y analiza los miles de datos recibidos a través de distintos medios y el que infiere y propone estrategias y propuestas para una mejor planificación y logro de resultados en cada uno de los departamentos de una empresa.

- Junto con el analista de datos también estará el *experto en analítica web*, encargado de medir y de analizar las estadísticas relativas a la audiencia, las visitas y las consultas sobre la publicidad de una página web con el objetivo prioritario de mejorar el posicionamiento y así poder obtener de cada visita a la página una buena oportunidad de negocio. Cada vez hacen más falta auténticos profesionales que sean capaces de analizar la variedad de datos que nos llegan desde distintos lugares y poder realizar observaciones, mediciones o estudios varios que den como resultado recomendaciones y propuestas de interés para que puedan cumplirse los objetivos marcados por la empresa.

- Relacionado con el analista web encontramos también la figura del *especialista en SEM*, aquel que analiza oportunidades de negocio, planifica y gestiona campañas de publicidad *online* y diseña aspectos de la estrategia comercial digital de la empresa. De su mano va el *especialista en SEO*, profesional encargado de diseñar, optimizar y actualizar contenidos web de modo que las promociones y productos de la empresa puedan llegar a un mayor número de clientes potenciales, lo que redundaría en muchos beneficios para la empresa.

• También van a ser importantes los *expertos en ciberseguridad*, aquellos que diseñan y vigilan que nuestros datos viajan de la manera más segura y fiable posible a través de las redes de comunicaciones y evitan ataques no deseados que puedan comprometer información sensible y de esa forma conocer o descubrir datos clasificados.

• *Vendedores especializados y preparadores/as de pedidos*. Son dos profesiones totalmente relacionadas con el sector del comercio y que tendrán su importancia debido al auge del *ecommerce*, y sobre todo el perfil de preparador de pedidos con formación en sistemas de logística. Cada vez el negocio *online* con empresas como Amazon, AliExpress, Temu, Vinted, Ebay y otras en cabeza implica que se demandarán profesionales especializados en el comercio electrónico y en logística, con perfiles que deberán complementarse con un segundo y un tercer idioma, la clara orientación a resultados, la flexibilidad y competencias tecnológicas adecuadas.

• *Experto en protección de datos*. La entrada en vigor de reglamentos y nuevas normativas a este respecto, como el Reglamento General de Protección de Datos de la Unión Europea, la Ley 3/2010, de 5 de diciembre, de Protección de Datos Personales y garantía de los derechos digitales o la Ley 34/2002, de 11 de julio, de Servicios de la Sociedad de la Información y de comercio electrónico, han aumentado la demanda de expertos en este campo. En particular será más solicitado por empresas que manejen o deban tratar datos de ciudadanos de la Unión Europea.

• *Directores de ventas, financieros o de marketing online*. Estas profesiones relacionadas con la estructura comercial de las empresas serán solicitadas porque son los responsables de impulsar estrategias, establecer los contratos de publicidad, medir y analizar resultados, liderar el departamento comercial, fijar objetivos o elaborar presupuestos entre otras tareas asignadas a estos directores, personas capaces de mejorar la comunicación entre los distintos departamentos de la empresa, llevar el control presupuestario o controlar todas las plataformas de la empresa en medios sociales. Sus responsabilidades son muchas e importantes puesto que deben velar por el buen funcionamiento general de la empresa y de sus empleados, logrando alcanzar y cumplir objetivos, minimizando riesgos y obteniendo los máximos beneficios.

Estos que hemos comentado son algunos de los perfiles que van a demandar más las empresas en el nuevo año. Si poseemos alguno de ellos seguramente podamos encontrar nuestro lugar en una empresa o descubrir la oportunidad perfecta. Si no tenemos ningún perfil siempre podremos plantearnos el reciclaje profesional hacia otros sectores con más oportunidades. Sea como fuere lo que tenemos que tener claro es que necesitamos seguir en el proceso de búsqueda activa de empleo, actualizando el currículum lo mejor posible para diferenciarnos de otros candidatos, participando en ferias, foros, reuniones, talleres, llamando a muchas puertas, ampliando nuestras redes de contacto.

Otros perfiles que quizá se demanden en un futuro son los siguientes:

- *Arquitecto/a blockchain.* La tecnología de bloques es un proceso que es utilizado por muchos sectores como método de validación seguro y fiable para la verificación de identidades y de procesos operativos.

  Aunque en principio estaba más orientado hacia el sector financiero lo cierto es que otros campos, como la logística, ya están utilizando esta tecnología para mejorar sus procesos, y la tendencia es que aumente y se amplíe hacia otros campos, ya que la salvaguarda en el envío de información y de datos es un problema que preocupa a las empresas, no ya solo en relación a sus clientes sino también en cuanto a las operaciones que ellas mismas realizan.

- *CRM Manager (Customer Relationship Management Manager).* Este perfil ha comenzado a demandarse con más fuerza estos últimos años, debido sobre todo al auge del comercio *online*. Es el encargado/a de plantear, definir y desarrollar la estrategia de CRM en el comercio digital, con tareas como la mejora de la experiencia del cliente en todo el proceso de compra y el perfeccionamiento de los procesos de fidelización y/o atracción de nuevos clientes. El CRM también se ocupa de la optimización de recursos y de herramientas necesarias para enriquecer y ampliar la experiencia del cliente y de cumplir con los objetivos de los proyectos de *eCommerce* de la empresa.

- Junto con el CRM Manager encontraríamos el *Digital Product Manager*, quien se encarga de elaborar el plan de *marketing* de la empresa y controlar el área digital. Es el encargado de coordinar los estudios e investigaciones acerca de lo que se vende y las demandas de productos o servicios de los clientes. Las estrategias comerciales que debe desarrollar el CRM Manager con su equipo tendrán como fin responder a una determinada demanda de productos o servicios que no tenía la empresa o que no habían aparecido con anterioridad en el mercado. Su principal cometido es mejorar las ventas tanto como le sea posible con las estrategias adecuadas.

Y dependientes de estos perfiles encontraríamos a los/las *expertos/as en UX/UI*, encargados de indagar y sondear las necesidades, las expectativas o sugerencias de los clientes, para facilitarles su relación con la empresa y que esta sea lo más cómoda, accesible y positiva posible, para lo cual pueden utilizar la imagen y la presentación de la web y de sus productos como un lugar y buen medio de captación y atracción de los posibles compradores/clientes; el *Growth Hacker*, un perfil de moda hoy en los departamentos de *marketing* digital, por ser quien propone y diseña estrategias de crecimiento digital tras la recopilación y el análisis de datos de las empresas para valorar la mejor manera de posicionar un producto o servicio frente a como lo hace o posiciona la competencia, y el *Scrum Master o facilitador de proyectos*, comparable a un *coach* o a un mentor que acompaña y asesora a todo el equipo comercial para incentivarles adecuadamente para que logren el mayor de los éxitos con sus proyectos.

- *Ingeniero/a de aprendizaje automático*, profesionales relacionados con la inteligencia artificial y todas sus posibilidades, pues de alguna manera la IA está entrando con fuerza en la composición y ya la demandan muchos trabajos, habiendo llegado para quedarse. Según un informe de LinkedIn las compañías Apple, Intel y NVIDIA son las que más demandan este tipo de perfil. Y una investigación del Robert Half Technology también asegura que este sector de la IA será clave (lo está siendo ya en nuestros días). Parece claro que cada vez más nos dirigimos hacia una convivencia con los robots, con máquinas en todos los campos. El tiempo dirá hasta qué punto será beneficioso o negativo para nosotros, nuestra condición humana y para el mundo del trabajo.

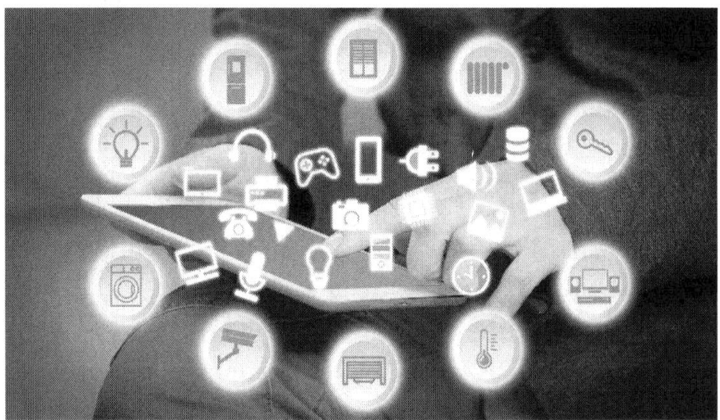

• *Especialistas en IoT.* El Internet de las cosas se amplía, se multiplica y se difunde cada vez más. Son miles las empresas que ya diseñan y producen millones de dispositivos totalmente conectados, una actividad que demanda profesionales formados en cuestiones de conectividad, *edge computing* y/o computación en la nube, integración industrial y empresarial o especialistas en el desarrollo de plataformas *online* y virtuales que sepan atender las demandas del mercado en este campo que está en constante mejora y evolución.

• *Analista de compilance.* Este es un perfil interno de las empresas, encargado de mejorar los procesos internos de comunicación en las empresas para que se puedan minimizar o disminuir los riesgos derivados del incumplimiento de las leyes y normativas en vigor. El trabajo de las empresas en diferentes marcos regulatorios (locales, nacionales, europeos e internacionales) obliga a las empresas a que cuenten con profesionales que puedan estar pendientes de los cambios en las legislaciones que se produzcan en cualquiera de los ámbitos territoriales antes citados y que puedan afectar al buen desempeño o a los objetivos de la empresa.

Estos son algunos de los perfiles que también serán demandados por las empresas en el futuro. El mundo digital y el económico siguen copando los primeros puestos en la demanda de esos profesionales tan necesarios. Y la tendencia aumenta. Y la especialización y los requisitos son cada vez mayores o más específicos. Reflexionemos cada uno de nosotros dónde estamos y hasta dónde y cómo queremos llegar.

3.3. *Mundo sostenible, trabajos sostenibles: una oportunidad en desarrollo*

En la naturaleza está la preservación del mundo.
Henry David Thoreau

Piensa en verde y cambia tu vida. Quizá este eslogan resuma en cierto modo una conciencia que cada vez se está implantando más en algunos sectores sociales y económicos, y que en un futuro no muy lejano podría suponer una revolución en muchos sentidos.

En esta ocasión vamos a detenernos a explicar la influencia del pensamiento verde en el ámbito laboral; lo que algunos llaman empleos verdes o trabajo sostenible. Para unos se presentan como una posible solución al cambio climático; para otros es una respuesta a la crisis económica que seguimos sufriendo. Y en opinión de la Organización Internacional del Trabajo, los empleos verdes son y pueden ser todo eso y aún mucho más.

Pero comencemos por definir el empleo verde. Este concepto se refiere fundamentalmente al empleo que puede reducir el impacto ambiental de las empresas y de los sectores económicos hasta alcanzar niveles sostenibles. Dicho de otro modo son trabajos que permiten reducir el consumo de energía, el abuso de materias primas y de agua mediante estrategias y planes de eficiencia; reducen las emisiones de gases de efecto invernadero y disminuyen o evitan por completo cualquier tipo de desecho o de contaminación, un grave problema que seguimos padeciendo y viendo en muchos de nuestros ríos, pero también en mares y océanos.

Según los datos de Greenpeace ocho millones de toneladas de basura llegan al año a mares y océanos (peso equivalente a ochocientas Torres Eiffel); cada segundo más de doscientos kilos de basura van a parar a los océanos y el 70% de esa basura se queda en el fondo marino, el 15% en la columna de agua y el tanto por ciento restante en la superficie. Recientemente se ha informado del caso de una ballena encontrada muerta en Indonesia con más de mil objetos de plástico en su estómago, entre los cuales había dos pares de chanclas y más de cien vasos. Debemos concienciarnos todo lo posible acerca de este grave problema ecológico, pues está en juego nuestra propia subsistencia.

Regresando al mundo laboral, indicar que es cada vez más urgente y necesario que la economía sea sostenible, que pueda ofrecer alternativas ecológicamente válidas para el conjunto de la sociedad y responder a la llamada de auxilio del planeta. Según se afirma en el informe de la OIT *El desarrollo sostenible, el trabajo decente y los empleos verdes* para que las empresas y los mercados de trabajo «sean sostenibles, la ecologización de la economía como medio para lograr un desarrollo sostenible no es una opción sino una necesidad (...) Los daños que la degradación ambiental causa a las economías y a la sociedad pueden menoscabar muchos de los avances en materia de desarrollo y lucha contra la pobreza conseguidos en las últimas décadas. Los sectores más amenazados por el cambio climático, como la agricultura, la silvicultura y la pesca, proporcionan empleo a más de mil millones de personas».

Es de vital importancia un cambio de orientación, de mentalidad, de visión hacia lo que nos rodea. Es primordial que sepamos reaccionar a tiempo ante los cambios medioambientales que ya empezamos a notar y a sentir desde hace varios años. Los fenómenos meteorológicos también afectan al empleo, más bien a la pérdida de empleo, golpeando también a la estructura socioeconómica de los lugares donde se producen, con efectos devastadores. Algunos datos extraídos del informe citado:

«Los fenómenos meteorológicos extremos, que parecen estar relacionados con el cambio climático, han acarreado ya pérdidas directas de empleos y de ingresos. En Nueva Orleans (Estados Unidos), el huracán Katrina provocó la pérdida de cerca de 40.000 puestos de trabajo en el año 2005, y los más afectados fueron las mujeres afroamericanas. En Bangladesh, el ciclón Sidr interrumpió la actividad de varios centenares de miles de pequeños negocios y afectó a 567.000 empleos».

Todos estos son datos e informaciones que nos deben llevar a una reflexión importante acerca de nuestro ser y nuestro estar en el mundo y acerca del poder destructor (pero también creador) de la misma naturaleza. Es cierto eso de que los desastres nunca vienen solos, y en el caso de desastres naturales vienen acompañados de innumerables pérdidas en muchos ámbitos, incluido también el laboral, lo que provoca que miles de personas entren en un círculo de pobreza, marginación y subdesarrollo del que les cuesta mucho salir si no reciben ayudas y/o incentivos y se les procuren nuevas oportunidades. En España parece que no tenemos o que no vivimos estos problemas y desastres ecológicos tan graves, pero sí que en parte ese cambio ya mencionado comienza a manifestar algunos síntomas y señales de alerta.

No somos inmunes ante un problema global que requiere de respuestas urgentes y comprometidas. Y ese camino de cambio lo debe marcar la Agenda 2030 para el Desarrollo Sostenible, aprobada por Naciones Unidas en septiembre de 2015, y que marca las pautas a seguir para lograr transformar el mundo. En el punto 27 del documento se menciona el empleo: «Trabajaremos para construir economías dinámicas, sostenibles, innovadoras y centradas en las personas, promoviendo en particular el empleo de los jóvenes y el empoderamiento económico de las mujeres, así como el trabajo decente para todos (...) Todos los países saldrían ganando si dispusieran de una fuerza de trabajo sana, con buena formación y con los conocimientos y aptitudes necesarias para realizar un trabajo productivo y gratificante y participar plenamente en la sociedad».

Y el objetivo número 8 de los 17 propuestos para el desarrollo sostenible reza así: «Promover el crecimiento económico sostenido, inclusivo y sostenible, el empleo pleno y productivo y el trabajo decente para todos».

¡Cuánto nos queda por avanzar! ¡Cuánto nos queda por construir juntos aún!

En la Declaración de Salamanca, documento surgido de la Conferencia Iberoamericana sobre Objetivos de Desarrollo Sostenible, celebrada en Salamanca en junio de 2018, también se animó e impulsó la generación de alianzas con otros actores sociales y la puesta en marcha de acciones concretas de sensibilización, comunicación, organización o activación para dar a conocer los objetivos de la Agenda 2030.

Se necesitan muchas más acciones de sensibilización y de activación. Y sobre todo mayor implicación de todos los actores y de todos los sectores para mejorar las condiciones de vida a nivel universal, para romper los círculos de pobreza, de injusticia y desigualdad que ahogan y aprisionan a muchos millones de personas y activar los canales adecuados para dignificar a los trabajadores y trabajadoras, muchos de los cuales siguen buscando su oportunidad, su estabilidad, su futuro.

Agenda 2030 para el Desarrollo Sostenible:

3.4. Trabajo y empleo en Salamanca: breves observaciones

Paisajes y no solo un paisaje; territorios
y no solo un territorio...
Se trata de que unos lleguen donde otros no llegan
y de impulsar y sacar partido
de una nueva cultura participativa...
Los territorios que hoy contienen
numerosos recursos patrimoniales
se construyeron sumando muchos esfuerzos...
Para el éxito de este tipo de iniciativas resulta básico
crear lugares de encuentro, plataformas de comunicación,
de participación e intercambio
entre diferentes instancias públicas
y entre agentes públicos y privados,
foros de debate y comunicación.
Joan Nogué

Esta es una reflexión sobre el trabajo y las posibilidades de empleo en Salamanca tras haber leído algunos datos sobre los cuales sería adecuado que reflexionemos.

Uno de esos datos se refiere al número de salmantinos que emigraron a otras provincias a trabajar durante el primer semestre de 2018: 10.846 frente a los 9.942 del 2017, según los datos del SEPE. Es decir, más de diez mil salmantinos y salmantinas han dejado la provincia para irse a trabajar fuera de ella. Por el contrario fueron 6.814 las personas que llegaron a Salamanca para trabajar (unas seiscientas más que el año anterior). Aun así, nos resta un saldo negativo de 4.032 personas que ha perdido

Salamanca en busca de mejores oportunidades, buenos trabajos o porque las condiciones no eran las esperadas.

Es cierto que si tomamos en cuenta el año 2017 tanto los que se van como los que llegan han experimentado un cierto aumento, y desde que comenzamos la década representa un incremento importante, y está bien, hay que seguir en esa línea, la de atraer y retener nuevos talentos y profesionales en la provincia. Se deben poner en marcha iniciativas serias, comprometidas y estables a largo plazo de retorno y de retención del talento (tal y como así hacen en otros lugares), y mostrar cada vez más que Salamanca tiene mucho que ofrecer (y no solo en cuanto a turismo o gastronomía se refiere). Todo ello es urgente y prioritario pues las cifras siguen hablando por sí solas.

En una encuesta acerca del futuro profesional de los jóvenes salmantinos, ante la pregunta sobre si Salamanca ofrece suficientes salidas laborales para sus jóvenes, el 98% de los que contestaron lo hicieron negativamente. Una gran mayoría de la población cree que Salamanca no ofrece suficientes garantías ni salidas laborales para sus jóvenes. Eso teniendo en cuenta que es una cuna universitaria ocho veces centeneria que dispone de varios centros de investigación punteros, que atrae a miles de turistas todos los meses, que es universalmente conocida y admirada, que es foco de atracción en invierno por la nieve, que cuenta con seis de los pueblos más bonitos de España, que atrae por su chacinería tan apreciada y conocida (Guijuelo), y tantas otras cosas sobre la provincia, y por ello me pregunto si es que a lo mejor no estamos sabiendo «venderlo», «explotarlo» o «transmitirlo» bien del todo. Y lo pongo entrecomillado porque en realidad al final se podría resumir en un buen ejercicio de *marketing*, de técnicas de venta, porque si bien Salamanca se vende ella solita ya solo por ser Salamanca, lo cierto es que siempre viene bien una ayudita, un empujoncito, un impulso a esa marca que en este caso podría y debería ser aún más potente, provechosa y productiva, sobre todo con el objetivo de mejorar la cifra de emigrantes.

Salamanca puede ser un excelente lugar para echar raíces, para plantearse un proyecto de vida a futuro. El entorno natural que rodea muchos de los pueblos de la provincia es la envidia de otros lugares. ¡Cuántas veces habré oído a familiares y amigos de la ciudad afirmar lo bien que se está en sitios como en Béjar por ejemplo! ¡Cuántas veces se sigue escuchando eso de que la vida del campo es mucho mejor y más saludable que la vida en la ciudad!

En cuanto a los sectores productivos donde podría haber algo más de posibilidad para trabajar en Salamanca, según los resultados del Informe Infoempleo Adecco, están los siguientes: sector hostelería y turismo, sector industrial, sector comercio minorista, sector servicios y sector telecomunicaciones.

Por áreas productivas son la comercial, la ingeniería, la logística y el transporte, la tecnología y las comunicaciones aquellas que aglutinan mayor oferta de puestos de trabajo. Y precisamente en relación a los puestos aquellos que más se demandan son: comercial, profesor, operario, asesor/promotor, teleoperador de venta y dependiente.

Concretando en el caso de Béjar, hay que seguir apostando por el camino de los servicios sin olvidar el industrial, más concretamente el textil, con nuevos proyectos y apuestas por el desarrollo tecnológico de productos y/o materiales nuevos, promoviendo asimismo el cuidado y la atención más personalizada a nuestros mayores en todas las profesiones relacionadas con ellos, y fortaleciendo el turismo (ya sea natural, cultural, industrial o de otro tipo) junto con otros recursos que ya tenemos son las piezas clave, las bases sobre las cuales diseñar la ciudad del 2030, elementos de los cuales seguro surgirán otros muchos más, pero procurando que nuestros jóvenes bejaranos se queden aquí en la ciudad e intentando que aquellas y aquellos que tuvieron que marchar por el motivo que fuera quieran regresar porque su vida aquí sea por lo menos igual (y seguro que mejor en algunos aspectos) a la que vivan allí donde se encuentren. Al menos esto es lo que se debería plantear el conjunto de la sociedad bejarana para intentar no perder más población y para trabajar todos juntos por un futuro mejor para la ciudad.

Las palabras del geógrafo Joan Nogué creo que son significativas y nos invitan a construir un nosotros en lugar de un yo social. Participación, recursos, encuentro, comunicación son algunas de las claves que pueden facilitar ese diseño de ciudad más amable, más cercana, más abierta y positiva para todos. Ahora somos los bejaranos y bejaranas quienes debemos decidir si queremos colaborar o no en todo ello. Y en este sentido han surgido algunas iniciativas que pasamos a comentar brevemente:

• *Proyecto «Béjar ante el espejo»*, galardonado con el Primer Premio en el Tercer Concurso de Arquitectura Richard H. Driehaus.

• *Béjar emprende*, una entidad formada por distintos colectivos que busca la revitalización de la ciudad.

• *Nueva Energía para Béjar*, una asociación de nueva creación cuyo objetivo principal es buscar los medios y recursos para que la ciudad sea autosuficiente en materia energética promocionando el uso de energías renovables.

• Jornada divulgativa sobre proyectos para el desarrollo de Béjar y su comarca, celebrada en el Ateneo Cultural Casino Obrero de Béjar, el día 29 de mayo de 2024, en ámbitos como el turismo, el jardín de El Bosque, la plaza de toros, la Escuela de Ingenieros, la Ruta de la plata o el vivero de empresas entre otros.

3.5. *De mayor quiero ser... Respuestas desde Castilla y León*

La ventaja competitiva de una sociedad
no vendrá de lo bien que se enseña en sus escuelas
la multiplicación y las tablas periódicas,
sino de lo bien que se sepa estimular
la imaginación y la creatividad.
Walter Isaacson

Comenzó un nuevo curso escolar, un curso en el que se sigue celebrando el octavo centenario de la Universidad de Salamanca; un curso en el que muchos pequeños infantes e infantas han pisado por primera vez unas aulas; un curso en el que varios miles de alumnos de toda España terminarán sus estudios de Bachillerato, Formación Profesional y/o Universidad, iniciando así un tiempo nuevo de cambios y de vivencias diferentes. En lo que creo que podría haber un acuerdo mayoritario es en aceptar que la escuela es un pilar fundamental en la sociedad y que debe educar para la vida.

La escuela puede y sigue marcando las opciones o preferencias de futuro de muchos niños y niñas, los cuales van conociendo en ese espacio la variedad de trabajos, oficios y profesiones que se pueden desempeñar en la vida adulta, y así van haciendo selección, discerniendo lo mejor posible entre aquellos que se pueden ajustar más a sus inquietudes, a sus preferencias, a sus intereses o a sus necesidades.

Es en la etapa escolar cuando el futuro adulto va eligiendo el camino que quiere seguir (otra cosa es que lo pueda continuar o tenga que cambiar el recorrido elegido por causas diversas).

La encuesta de Adecco «¿Qué quieres ser de mayor?», un estudio realizado a unos dos mil niños de edades comprendidas entre los cuatro y dieciséis años, arroja unos resultados y opiniones muy interesantes acerca de cómo se ven estos niños y niñas de mayores, cómo ven el mercado de trabajo en el que les tocará competir y cómo conocen y se desenvuelven en la actualidad política y social.

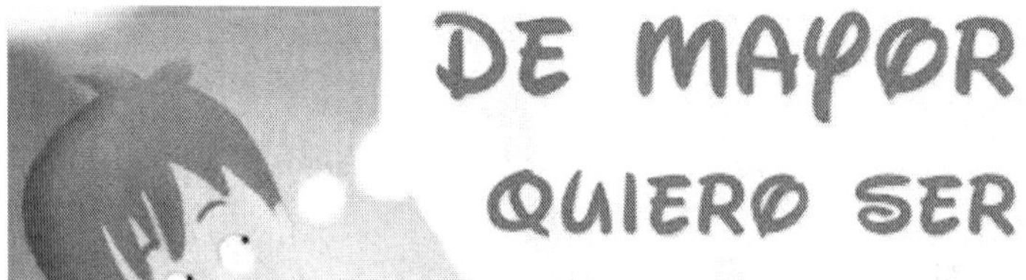

Del total de niños y jóvenes entrevistados el 12% aproximadamente eran residentes en Castilla y León, niños y jóvenes de muchos de nuestros pueblos y ciudades que querían tener voz en este siempre complicado mundo de los adultos.

Según los resultados del informe (limitados a Castilla y León) se aprecian importantes diferencias entre el trabajo que quieren o les gustaría desempeñar en el futuro a nuestros niños y jóvenes castellano-leoneses. A la mayoría (casi el 30%) les gustaría desarrollar una profesión vinculada de alguna manera al deporte, ya sea como futbolistas, entrenadores, jugadores de baloncesto o tenistas, seguidos de aquellos trabajos relacionados con la seguridad, como policías, bomberos, guardias civiles, etcétera.

El siguiente sector en el que se verían trabajando (y este nos interesa especialmente a los bejaranos porque nos afectaría muy directamente) es el de las ingenierías (que se mantengan y se matriculen muchos futuros estudiantes en la Escuela de Ingeniería de Béjar para cursar cualquiera de los grados o cursos que allí se ofrecen y se ofertarán en el futuro).

Otros niños y jóvenes se ven trabajando en profesiones o ámbitos muy relacionados con las TIC y con las nuevas tecnologías (informático, diseñador de videojuegos, programador, *gamer* o *youtuber* entre otros). También en puestos relacionados con la inteligencia artificial (un nicho de empleo en continua expansión) y con la ciberseguridad (cada vez se producen más amenazas y se necesitan expertos que las detecten y las controlen o eliminen directamente).

Esto en cuanto a los niños y jóvenes, que como aparece en el informe, buscan el reconocimiento social, la visibilidad, la notoriedad, el triunfo, lo mediático en buena parte, y que muchos de los puestos elegidos seguramente estén influenciados por lo que observan en los medios de comunicación (televisión e Internet sobre todo) y la importancia y el protagonismo que se da muchas veces a quienes desarrollan una determinada labor, no necesariamente relacionada con la ciencia o con profesiones que puedan procurar el desarrollo social.

Si nos circunscribimos ahora a las niñas y a las jóvenes castellano-leonesas resulta que en un porcentaje muy similar a los niños optan por profesiones relacionadas con la enseñanza o con el cuidado de niños (maestras, profesoras, monitoras, cuidadoras de guarderías, etcétera), seguidos por profesiones del ámbito sanitario (médicos, enfermeras, dentistas, fisioterapeutas, etcétera), profesiones que tienen que ver con el mundo animal, como por ejemplo granjeras, veterinarias, cuidadoras del zoo y profesiones del sector artístico y del espectáculo como cantantes, actrices, modelos, presentadoras de televisión, etcétera. En otro lugar quedarían aquellas que tienen que ver con el deporte, como gimnastas, jugadoras de baloncesto o similares.

Por todo lo dicho está claro que en la elección de profesión aún sigue habiendo una clara identificación de roles o de profesiones asociadas con el género (al igual que sucedía hace décadas), a pesar de todos los avances y de los progresos conseguidos hasta la fecha por la igualdad. Pero de todos modos son opiniones y perspectivas que lógicamente estarán influenciadas por multitud de factores y de elementos que escapan al control de los futuros adultos.

Que todos ellos aprovechen al máximo la etapa escolar y/o educativa, y que de ella aprendan, recojan y utilicen valores, técnicas, ideas y comportamientos que puedan aplicar para su futuro personal y profesional.

Y un deseo: que la escuela de ingenieros de Béjar continúe formando y transmitiendo conocimiento a las generaciones del mañana, tal y como lo lleva haciendo desde hace más de ciento cincuenta años. Y también por extensión, el resto de entidades e instituciones educativas de nuestra ciudad de Béjar. La educación es fundamental para el desarrollo de las personas y de los pueblos.

3.6. Sobre trabajo, futuro y futuro del trabajo: algunas ideas

El futuro pertenece a cualquiera capaz de asumir el riesgo y de aceptar la responsabilidad de crearlo.
Robert Anton Wilson

Hace varias semanas se publicaron en medios digitales algunos artículos acerca del nuevo mercado laboral y el trabajo del futuro. De primeras podemos indicar que la tecnología estará cada vez más presente en los procesos productivos y en los métodos de selección de personal. Se demandarán trabajadores aún más cualificados, que dispongan de habilidades tecnológicas adecuadas, que sepan comunicarse correctamente con las máquinas y que además sean capaces de adaptarse a las necesidades que la empresa o el mercado laboral demanden para esos momentos y/o circunstancias más particulares.

Se menciona también la deslocalización empresarial, el aumento del teletrabajo o trabajo a distancia, la utilización de wearables para desarrollar trabajos, jornadas de treinta horas semanales, mejoras sustanciales en la situación laboral de las mujeres y la propuesta de trabajos voluntarios o a media jornada para aquellas personas que hayan alcanzado la edad legal de jubilación, pero que deseen seguir participando y contribuyendo al desarrollo económico y social.

La plataforma Hubble retrató el mercado laboral desde los años cincuenta hasta nuestros días y aventuró algunas predicciones de cómo sería este en el año 2100. Algunos de sus pronósticos son los siguientes:

• La oficina no será un lugar donde trabajar sino un espacio donde se fomente la colaboración e interacción como compensación a la soledad que experimentarán muchos trabajadores que lo hagan a distancia. En este caso la sensación de soledad vendría dada por no trabajar en oficinas, con más compañeros, interaccionando, comiendo en los descansos asignados, tomando cafés en las máquinas o en los salones, comunicando, al fin y al cabo. La falta o ausencia de esa in teracción y comunicación sociolaboral necesaria generará episodios de soledad en los trabajadores con los efectos negativos y de salud que ello conlleva.

• Fomento de la creatividad y de la innovación en la oficina para competir con las máquinas que puedan quitarnos o sustituirnos en los trabajos. Habrá una pugna continua entre hombre-máquina. Las máquinas se humanizarán aún más y quizá los humanos nos automatizaremos más. Muchos trabajos serán realizados completamente por máquinas o por robots en procesos totalmente automatizados y creados para ellos, donde la tecnología cumpla una función importante de primer nivel en los procesos productivos. Los robots seguirán reemplazando a los humanos en determinados ámbitos y sectores productivos como lo han venido haciendo hasta ahora, y los trabajadores deberán buscar otras alternativas para poder desarrollarse profesionalmente. Quizá cobre mucha más importancia la educación o la formación técnica, lo que hoy conocemos como formación profesional, la cual será una opción en aumento y más considerada por parte de muchos de los estudiantes del mañana.

• Mayor importancia al Internet de las Cosas (IoT) en el ejercicio y desarrollo profesional. La era de los chips, de los sensores y de los datos será la predominante hasta límites que hoy desconocemos. Muchos objetos estarán interconectados entre ellos (miles de millones), como prendas que cambien de color según el estado de ánimo, gafas inteligentes, implantes médicos, etcétera, que captarán cómo nos sentimos y que facilitarán o promoverán el mejor desempeño de las actividades profesionales asociadas al puesto de trabajo.

En parte ya estamos viviendo y siendo influidos en distintos ámbitos y sectores por el Internet de las Cosas, pero este hecho aumentará notablemente, será mayor la importancia que cobren los wearables en nuestras vidas a todos los niveles, incluido el laboral, donde vestiremos prendas y utilizaremos instrumentos y objetos que entre otras aplicaciones estudiarán y analizarán nuestro estado de salud.

• La situación de las mujeres en el mercado mejorará sustancialmente. Se prevé una reducción significativa en la brecha salarial de género, según la cual las mujeres llegarán a cobrar aproximadamente el 90% de lo que cobran los hombres. Habrá más mujeres en puestos directivos o de responsabilidad en las empresas, y aumentará su importancia y relevancia en el mercado laboral en general. Se procurará el avance en la igualdad de género también en el ámbito laboral, lo cual es una tarea urgente y necesaria.

Nos enfrentamos así a un futuro mercado laboral donde imperará la relación hombre-máquina, el trabajo a distancia, el avance en la igualdad de género y la reducción de la brecha salarial, la universalización del Internet de las Cosas y las alternativas a la jubilación para seguir estando y siendo activos llegada una cierta edad.

No sabemos si las predicciones se cumplirán, si será cierto que las mujeres se equiparán por fin a los hombres y ocuparán más puestos de responsabilidad empresarial, si las máquinas serán más productivas que los humanos, si las jornadas laborales se reducirán porque podremos dedicar tiempo a otras tareas o si se pondrán en marcha alternativas plausibles y factibles para aquellas personas que lleguen a la edad de jubilación marcada, pero que quieran seguir estando activas social y laboralmente hablando, pero podemos pensar y reflexionar sobre ello, compartir nuestras opiniones, nuestras propias predicciones o sugerencias para que aquellos que tengan el poder decisorio de aquí a unos años puedan ir implementando esas soluciones que puedan beneficiarnos a todos, logrando un mercado laboral más justo, más solidario y accesible para todos.

Más información sobre el estudio de Hubble en el siguiente enlace (en inglés):

3.7. Sobre jóvenes, empleo y futuro: un mercado con luces y sombras

Aprendamos a apreciar que habrá momentos
en que los árboles van a ser descubiertos
y esperemos con interés el momento
en que podamos recoger la fruta.
Antón Chejov

Los resultados del estudio «Jóvenes y empleo: escenarios de futuro», un trabajo en el cual han participado el Centro Reina Sofía sobre la Adolescencia y Juventud y KPMG, apoyados por empresas como el Banco Santander y Telefónica, entre otras, analiza el futuro del empleo y de la empleabilidad juvenil para el lustro 2017-2022, reflexionando acerca de la percepción que tienen los jóvenes sobre su situación personal y laboral, el empleo en general y el juvenil en particular, la formación para el empleo o los distintos tipos de ayudas o subsidios y contratos, imaginando varios escenarios en los cuales podrían encajar los jóvenes trabajadores y buscadores de empleo del futuro.

Utilizando el método Delphi, el cual trabaja a partir de la coincidencia en las opiniones de un panel de expertos y expertas (sesenta y tres más concretamente, vinculados con la universidad, las administraciones públicas, los centros de orientación, las escuelas de negocio o el sector sindical), se cruzan esas opiniones con diferentes perfiles en ámbitos relacionados con la empleabilidad y el trabajo con población joven, lo que resulta finalmente en una serie de opiniones de interés que son confirmadas, reforzadas o bien desechadas y rechazadas durante la discusión entre los expertos.

Hay que apuntar que en esta metodología lo que se busca es el consenso entre los participantes, los cuales deben responder a una serie de cuestionarios. La información que se extrae y se interpreta de esos cuestionarios es la base sobre la cual se elaboran las opiniones, tendencias, inferencias, augurios y prospecciones de cara al futuro.

El estudio, cuanto menos interesante de leer y de considerar, nos presenta un futuro algo complicado en cuanto al ámbito laboral juvenil se refiere, donde no hay cabida garantizada para quienes no posean unos mínimos estudios o una formación básica elemental, los cuales o saldrán del sistema o tendrán muchas dificultades para acceder al mismo.

A continuación señalamos algunos de los resultados del estudio de referencia:

- *Temporalidad y parcialidad en el acceso y en el tipo de contrato para los jóvenes trabajadores del futuro.*

En esto la situación diferirá poco o muy poco respecto a la situación laboral del momento, en la cual se genera empleo precario, con contratos temporales (más de la mitad), o con contratos en formación, en condiciones y situaciones que a veces rozan la ilegalidad.

La tendencia es que los jóvenes que quieran trabajar lo sigan haciendo con contratos temporales, no ajustados a su perfil académico, ni por el tipo ni por la remuneración percibida. Por otro lado se prevé un significativo aumento del trabajo por cuenta propia, a través de variadas fórmulas de emprendimiento, ya que los expertos coinciden en que muchas empresas demandarán cada vez más una serie de servicios externos, en los cuales sí podría haber un nicho de mercado para los jóvenes, principalmente en todo lo relacionado con el mundo digital y con las tecnologías de la información y de la comunicación, pues ellos serán nativos digitales y estarán mucho más habituados a navegar en este océano de las tecnologías como peces en su pecera, actividad que sin embargo aún cuesta hoy a muchos empresarios, los cuales en ocasiones buscan fuera lo que ellos no saben o no pueden conseguir dentro de sus empresas.

- *La brecha social y las diferencias aumentarán porque el mundo laboral discriminará entre jóvenes con o sin experiencia cualificada.*

Esta es una reflexión importante puesto que afecta a la propia juventud en general y a su supervivencia. Si bien es cierto que a día de hoy conviven muchas brechas (digital, económica, de género, educativa), algunos de los factores que pueden agravar o ahondar en esas diferencias son la formación y la experiencia (referidos al mundo laboral).

Las empresas tenderán a buscar más a quien pueda acreditar convenientemente su experiencia profesional, su trabajo (pensemos por ejemplo en los Certificados de Profesionalidad, que entre otras ventajas, pasan por la «demostración oficial», verificada y aceptada en entornos laborales, de nuestra valía y adquisición de conocimientos para desempeñar unas determinadas tareas). Son cada vez más las empresas que solicitan a los candidatos este certificado, y desde ya mismo es necesario transmitir y educar comenzando por el Bachilerato en la necesidad y la casi obligatoriedad de realizar los cursos para que cuando un joven se presente a una empresa a buscar trabajo pueda decir: «Estoy capacitado, estoy preparado».

• *Los sectores terciario (relacionados con los servicios) y cuaternario (todo lo referido a la I+D+i) serán los principales motores del crecimiento de la empleabilidad juvenil en España.*

Tanto el sector servicios como el de investigación y desarrollo son nichos de empleo, como también lo son de desarrollo económico, pues su amplitud de campos y sectores, de subsectores y la especialización en muchos casos, unido a la aparición de nuevas necesidades que vayan surgiendo a las que habrá que ir ofreciendo una respuesta adecuada, son los campos de cultivo ideales o primordiales para generar empleo y trabajar.

Los subsectores de ayuda a domicilio y de dependencia, en general el mundo de los ancianos y de las personas mayores con todo lo que ello supone, junto con el enorme campo abierto y en evolución de las tecnologías de la información, son oportunidades que están ahí también ahora, y que lo seguirán estando multiplicadas y ampliadas, por lo que deben ser considerados por los jóvenes del mañana.

• *Continuarán las segmentaciones laborales y no se reducirán los contratos eventuales (como los de obra y servicio).*

Como ya apuntamos al inicio de esta colaboración en relación a las ayudas laborales y los contratos, seguramente se produzcan variaciones mínimas o poco significativas, puesto que la temporalidad y la eventualidad seguirán marcando las vidas de muchos jóvenes como ya también lo hacen hoy, provocando ausencia de futuro, incertidumbre, incapacidad para poder planear su vida a largo plazo, retrasos en el abandono del hogar familiar, etcétera.

Sin estabilidad hay miedo y temor ante lo que pueda llegar. Sin perspectiva a largo plazo todo sigue y se queda mejor como estaba y así no se avanza. Sin garantías ciertas los jóvenes no se atreverán a dar un paso hacia delante y mirar mucho más allá.

El informe apunta que aumentarán los contratos de formación, los de prácticas (remuneradas o no) y que se ofertarán más prácticas no laborales integradas dentro de los planes educativos.

Yo, si fuera joven, apostaría por las tecnologías, este es siempre un valor seguro e inagotable, en constante evolución y desarrollo, necesario y con amplitud de profesiones relacionadas y de sectores, algunos de los cuales ni siquiera todavía se han creado, pero que se crearán en unos años.

No sabemos a ciencia cierta qué nos deparará el futuro, pero podemos intuirlo con todo lo que sabemos y conocemos. Que en esta ocasión las previsiones sean acertadas o no nos lo dirá el tiempo, ese juez implacable que tanto nos controla, nos aprisiona y nos somete a su voluntad.

En el futuro mercado laboral juvenil la experiencia, la formación recibida, las habilidades y el capital humano marcarán la diferencia entre los candidatos y los trabajadores. Cultivemos y desarrollemos una buena profesión, pero sin dejar atrás otras cualidades y/o habilidades que son tan importantes o más como el buen desempeño en las tareas asignadas.

El futuro se está reescribiendo.
Todos lo creamos.
Todos lo construimos.
Todos lo podemos (y debemos) soñar.

Para consultar el informe *Jóvenes y empleo*:

3.8. Fraudes y estafas laborales: Scam y peligros asociados

El mayor peligro de engañar a los demás
está en que uno acaba, inevitablemente,
por engañarse a sí mismo.
Eleonora Duse

A veces nos encontraremos con que hay fraudes que son fáciles o más sencillos de identificar, otros costarán un poco más, y entonces necesitaremos echar mano de otras técnicas y herramientas para asegurarnos de que se trata de una estafa bien elaborada, pero de una u otra forma siempre debemos atender a los signos sospechosos cuando recibimos una oferta de trabajo ficticia, cuando introducimos datos personales en una web que a lo mejor no lo es o cuando caemos en la trampa de contestar a un correo electrónico en el que nos piden una rápida respuesta a una determinada solicitud o nos solicitan el pago de dinero por un servicio que nunca vamos a recibir.

La ingeniería del fraude ha cambiado y evolucionado muchísimo, perfeccionándose, adaptándose a los nuevos tiempos, a las necesidades y circunstancias particulares, siendo más creíble y difícil de detectar, al menos aparentemente, aunque siempre puede quedar algo, aparece un elemento que es signo indicativo que nos alerta de que podemos encontrarnos ante un fraude. Por eso recomendamos vigilancia, atención, sentido común y buena vista, solo así podremos sentirnos quizá un poco más protegidos, más informados, más conscientes de los riesgos y de los peligros que traen consigo estas actividades delictivas.

Quisiera iniciar un breve recorrido por algunas de las estafas laborales más habituales, siempre insistiendo en la necesidad de estar informados de manera adecuada y útil, ya sea acudiendo a miles de recursos *online* como guías, informes, manuales de seguridad y otros varios, o a asociaciones o instituciones que luchan contra estos fraudes, como por ejemplo el Instituto Nacional de Ciberseguridad, la Oficina de Seguridad del Internauta, la Asociación de Usuarios de Internet o la Policía y la Guardia Civil entre otras, denunciando los hechos o preguntando todo lo que sea necesario para evitar ser víctimas de un fraude.

Uno de los tipos de fraude más conocidos y utilizados es el llamado Scam, una modalidad que se sirve del correo electrónico o de mensajes de WhatsApp para enviarnos una oferta de trabajo fraudulenta, un trabajo que, dicho sea de paso, ofrece ganar mucho dinero con poca inversión o trabajo (ya de por sí algo sospechoso) y que normalmente está asociado a tareas desde casa o al teletrabajo.

Hasta hace unos años este tipo de fraude era más o menos fácil de identificar, principalmente porque en la mayoría de los casos los correos recibidos eran malas traducciones al castellano de los correos originales de origen asiático sobre todo, con faltas ortográficas y de sintaxis, con palabras o expresiones sin sentido y con símbolos intercalados entre letras y números que no tenían ninguna razón de ser. Hoy se utilizan otras técnicas para que piquemos, como por ejemplo redirigirnos a un malicioso en el cual informarse mejor sobre la posible oferta, una página que seguro contiene un código malintencionado que permita al delincuente acceder a nuestra información más privada, obtener datos como contraseñas o incluso poder instalar otro tipo de amenazas en nuestro ordenador para seguir realizando más fraudes desde él. Desconfíen por supuesto de este tipo de ofertas de trabajo atractivas si no conocen o hasta que nos aseguremos bien de que el origen del mensaje y el mensajero existen en la realidad y no solo en lo virtual y si están activos. Esto se puede comprobar en webs como https://desenmascara.me/, sitio que nos permite introducir un dominio determinado y recibir mucha información sobre él.

Otra forma de intentar engañarnos es cuando al final de la oferta enviada nos solicitan el envío de una cantidad de dinero para poder inscribirnos en un curso, iniciar los trámites para esa oferta de empleo en el extranjero o como concepto de gastos relacionados con billetes de avión, gestión de contratos, etcétera.

Otra posibilidad es que nos pidan realizar el ingreso en empresas como Western Union o Money Gram para invertir en algo y conseguir un beneficio enorme garantizado en poco tiempo. Lo malo es que el beneficio va a ser para otros y no para nosotros. Lo cierto es que en la mayoría de los casos cuando picamos y hacemos la transacción solicitada casi de inmediato se olvidan de nosotros, como si no existiéramos, y dejan de responder correos, mensajes, llamadas de todo tipo, etcétera, cumpliendo el dicho de si no te he visto no me acuerdo, o en este caso si te he robado, pues la verdad no me acuerdo. Desconfíen de cualquier oferta o propuesta en la que soliciten ingresar dinero, pagar dinero por adelantado o efectuar un desembolso económico en concepto de algo. El dinero de esas operaciones se podría utilizar para operaciones de blanqueo de capitales y podríamos meternos en un problema muy gordo y serio que está penado con cárcel entre seis meses y seis años y multa.

3.9. Competencias y habilidades clave en la era 4.0 aplicadas al mundo laboral

En tiempos de cambio, quienes estén abiertos al aprendizaje se adueñarán del futuro, mientras que aquellos que creen saberlo todo estarán bien equipados en un mundo que ya no existe.
Eric Hoffer

No descubriría nada nuevo si afirmo que vivimos en una época de rápidos cambios y continuas transformaciones, donde lo que era ayer puede que ya no sea más hoy, donde se reinventa lo que ya fue reinventado, donde se busca la mayor de las excelencias en un ambiente dominado por la competitividad, la flexibilidad y la adaptación. O seguimos el ritmo y la singularidad de esos cambios o estaremos aún más perdidos en un mundo que a veces no entendemos, que nos confunde, en el que no estamos cómodos o nos asusta y satura.

En el aspecto laboral sucede algo parecido cuando se modifican, actualizan o renuevan los procesos productivos, cuando la situación del mercado nos impulsa a la renovación, a buscar caminos diferentes para encontrar las mejores soluciones, cuando la búsqueda de trabajo se convierte en una pesadilla de la que nos cuesta despertar y no es tanto un proceso, una búsqueda, un camino seguro hacia el éxito que debemos seguir con paciencia, seguridad, confianza y determinación.

Las nuevas aplicaciones de la tecnología, los desarrollos que esta ha tenido, como la Inteligencia artificial entre otros, el *machine learning* y la ciencia basada en los datos, suponen cambios revolucionarios en muchos sectores productivos, cambios a los que debemos estar atentos, conocer y, en la medida de lo posible, interactuar con ellos o ser formados convenientemente para su utilización. En dos palabras, se nos pide estar actualizados.

Una empresa de servicios en la nube llamada Cornerstone OnDemand (https://www.cornerstoneondemand.es/), junto con el Instituto del Futuro (http://www.iftf.org/home/), han creado un mapa de las habilidades del futuro (https://tinyurl.com/y7pke6yq), es decir, una guía sobre los conocimientos y las aptitudes que son necesarias para estar en línea con el proceso innovador que nos rodea y maximizar así las posibilidades que la tecnología pone a nuestro alcance.

Esta guía considera que en el corazón de la próxima Revolución Industrial está el aprendizaje, asunto que invita a las organizaciones a evolucionar hacia una cultura más dinámica, impulsada por el aprendizaje continuo para la adquisición de habilidades que nos permitan afrontar como empleado, empleador o empresa, el futuro del trabajo.

El mapa antes citado aventura la importancia y relevancia que tendrán en un futuro las siguientes *skills*:

- *Nuestra marca sí que nos marca.*

Cada empleado y buscador o buscadora de empleo debe construir y actualizar su propia marca a través del *branding* personal para impulsar e incentivar su carrera. Surge una nueva concepción relacionada con los estudios y con la experiencia acumulada. Según Cornerstone, en el futuro se valorará cada nuevo conocimiento sin tener en cuenta dónde se haya adquirido, certificando cada hito de nuestras carreras profesionales, cada formación que vayamos realizando a través del Blockchain, el cual aseguran que revolucionará el currículum del futuro y los métodos de selección. Pueden consultar en la web del *curriculum vitae* Chain (http://www.cvh.io/) o la del APPII (https://appii.io/) como ejemplos de proyectos en este sentido.

- *Máquinas y humanos trabajando juntos*

Las previsiones apuntan que, si bien la Inteligencia Artificial destruirá unos 1,8 millones de empleos, a su vez permitirá la creación de 2,3 millones. La clave se sitúa en la preparación y actualización en las tendencias y los modelos de búsqueda de empleo, o en los modelos productivos, muchos de los cuales ya están siendo influidos por la IA o lo van a estar dentro de pocos años. Debemos considerarlos como herramientas colaborativas y complementarias a las nuevas funciones de la tecnología y nosotros ser parte activa en la construcción y en el diseño de esos modelos productivos y en las formas de reclutamiento. No debemos resignarnos a esperar ese milagro que nunca llega sino interactuar con los propios elementos y modelos que están diseñando y planificando el futuro.

- *Conexión global para una evolución exponencial.*

Empresas y empleados deben aprender a trabajar en la coordinación y en la dinamización de sus objetivos, algo que se podría lograr implementando sistemas unificados. Los expertos comentan que es la propia conectividad que aportan las nuevas tecnologías junto con la información, el conocimiento y las mejores prácticas de una organización, los elementos básicos que pueden manejar los directivos de una empresa para averiguar qué parte del negocio va bien, cuál de ellas necesita más soporte o dedicación o cómo empoderar a sus trabajadores para posicionarles mejor en sus puestos de trabajo.

- *El multiculturalismo es también parte del futuro.*

Muchas identidades sufren un proceso de cambio debido a la globalización y a las posibilidades que ofrece la tecnología, hecho que nos permite conocer más y mejor del mundo y de todo lo que nos rodea. Además la interacción entre los propios empleados de una misma empresa según formación, edad o ascendencia cultural pueden impulsar el surgimiento de cada una de sus identidades. Según Cornerstone la destreza multicultural ofrece las mejores habilidades para adaptar el comportamiento y la mentalidad a las normas de interacción establecidas o exigibles.

Podemos mencionar aquí cuestiones como el respeto, la convivencia, la hegemonía o la asimilación para explicar este fenómeno que está transformando nuestras sociedades occidentales y que es una clara tendencia de futuro.

- *Cuidar los unos de los otros para beneficio de todos.*

  En este mundo de cambios vertiginosos como el actual se hace cada vez más necesaria y relevante la empatía, gracias a la cual podemos entender la perspectiva de la otra parte y analizar a la vez sus posibles prejuicios y opiniones. Se solicita un cambio de mentalidad porque todos los humanos necesitamos disponer de una inteligencia emocional elevada para comprender la complejidad y los desafíos del día a día, para construir relaciones duraderas, para influir positivamente en los demás y cuidar de nosotros mismos y de quienes nos rodean con todos los beneficios que ello supone.

Resumiendo, podemos decir que en el futuro se valorará el conocimiento, la adaptación al cambio, la interconexión con la tecnología y sus aplicaciones, la multiculturalidad y la empatía hacia los demás. Estas habilidades, estas tendencias, estos poderes serán claves en el futuro no solo de la sociedad sino del trabajo. Reflexionemos entonces y pensemos en qué punto estamos ahora y hacia dónde queremos dirigirnos.

3.10. *Perfiles de turismo más solicitados y promoción turística de Béjar*

Todos los viajes tienen sus ventajas.
Si el viajero visita países (o lugares)
que están en mejores condiciones que el suyo,
puede aprender cómo mejorar el propio.
Y si la fortuna lo lleva hacia peores lugares,
quizá aprenda a disfrutar de lo que tiene en casa.
Samuel Johnson

Este tema es un apunte relacionado con las profesiones con más demanda dentro del sector turístico, sobre todo porque Béjar debe basar parte de su apuesta de futuro en el turismo, aunque no solo en él, y debe promocionarse aún más en muchos espacios, ofreciendo y vendiendo lo mejor posible la incomparable zona en la tenemos la suerte de vivir, este entorno que otros lugares quisieran para sí, no solo acudiendo a ferias de turismo (que eso es fundamental) sino desarrollando e implementando otras herramientas de *marketing*, de promoción en redes y otras afines que logren difundir y hacer ver las enormes bondades y oportunidades que tiene este lugar para todos los que lo visiten, pues muchos se sorprenden por la riqueza patrimonial, cultural y artística que se encierra en Béjar, y así cuando regresen a sus lugares de origen puedan hablar y compartir sus experiencias con las personas de su entorno como la familia, los amigos, conocidos, y que les entre el gusanillo de la curiosidad para venir a Béjar, y cuando esos nuevos visitantes regresen quieran hablar a otros de lo que aquí han visto y sentido, y a su vez estos se lo comuniquen a otros en una cadena casi infinita de opiniones y afectos que debería multiplicarse aún mucho más.

Por ello ruego a todos los responsables y actores implicados que dediquen más esfuerzos al turismo, que es claramente uno de los focos para el futuro de esta ciudad, y que inviertan en él sabiamente, para que Béjar aparezca en múltiples foros y espacios como el mejor lugar donde viajar y, por qué no, donde vivir. El último vídeo promocional de la ciudad está bien, sin duda, pero hay seguir en esa misma línea y darse a conocer aún más, atraer miles de visitantes, cuidar mucho lo que tenemos ahora para que las generaciones venideras no se encuentren con tantas dificultades y quieran quedarse aquí a vivir, apostar por esta ciudad, porque el futuro de Béjar es el futuro de todos y pasa por todos, y el turismo es una de las grandes oportunidades con las que cuenta esta ciudad para avanzar, para mejorar y evitar en buena parte los problemas por los que está pasando ahora. Desde aquí insto y animo a todos los responsables políticos a que elaboren un Plan de dinamización turística de la ciudad de Béjar como instrumento para detectar necesidades, conocer y valorar el estado de la cuestión y proponer alternativas necesarias y esperadas para el futuro.

Volviendo al tema principal de la colaboración, comento a continuación los perfiles más demandados en el sector del turismo según el metabuscador de viajes kiwi.com:

- *Travel Consultant (Consultor/a de viajes).* Pasa por ser una atención al cliente más específica. El consultor se pone en contacto con los clientes a través de medios muy variados y ofrece respuestas para situaciones urgentes o muy particulares como por ejemplo cancelaciones de vuelos o problemas tanto en origen como en destino.

- *Sales/Business Analyst (Analista de negocio o de ventas).* Es quien se encarga de encontrar e identificar los factores que influyen en las ventas y en las relaciones que se puedan establecer entre ellas. Analiza el mercado, los precios y los procesos que afectan al rendimiento en las ventas.

- *Copywriter (Creador/a de contenidos).* Tiene como objetivo principal llamar la atención de los usuarios utilizando los canales que considera más adecuados para lograr la venta, como son el correo electrónico, mensajes al móvil o en redes, apps, blogs, etcétera. Los perfiles que más se demandan son los relacionados con la comunicación y con la traducción/interpretación.

- *Intern Communications (Equipos de comunicación interna).* Son quienes deben liderar, controlar, organizar y atender todos los canales de comunicación de la empresa, sabiendo transmitir la filosofía empresarial y motivando a los trabajadores en la realización de sus cometidos y tareas dentro de la empresa.

- *Javascript o Python Developer (Desarrolladores Java o Python).* Los programadores son los perfiles que más demanda tienen dentro del sector de la informática, pues pueden aportar sus conocimientos en cuestiones relativas a la seguridad digital, la firma electrónica, los medios de pago o las aplicaciones para móviles entre otras.

Los perfiles y los puestos relacionados con la tecnología o con el comercio/atención al cliente son los más demandados en el sector del turismo, según la investigación de este metabuscador: https://www.kiwi.com/es/, y es que es tan importante una exquisita atención al cliente como un exitoso plan de *Marketing* con el que se promocione la marca, la empresa, el establecimiento, para poder llegar así a más clientes y viajeros. Que cada cual haga un ejercicio de reflexión y valore si pudiese pertenecer a uno de estos perfiles y, si es así, entonces a conquistar el mercado laboral, y si es que no, pues replantear sus objetivos o continuar con el camino que se han marcado.

3.11. Reflexiones sobre trabajo, futuro y Universidad

Me interesa el futuro porque es el sitio donde voy a pasar el resto de mi vida.
Woody Allen

Un diario digital salmantino publicó los resultados de un estudio-encuesta de opinión sobre las perspectivas laborales y de futuro de los estudiantes de la Universidad de Salamanca, una institución importante para Béjar. En el Campus que se ubica en la zona de la Corredera se estudian actualmente tres grados (Ingeniería Eléctrica, Ingeniería Electrónica Industrial y Automática e Ingeniería Mecánica), dos dobles grados y el Máster en Ingeniería Industrial. En su sede además se lleva a cabo el Programa Interuniversitario de la Experiencia, más conocido como Universidad de la Experiencia, amén de otras actividades culturales, científicas y deportivas.

El Campus de Béjar debe permanecer en Béjar, apostando por nuevas vías de conocimiento y de investigación, atrayendo más estudiantes que miren por el futuro como hasta ahora,

invirtiendo todavía más y mejor en I+D+i, porque en esas tres letras (dos si nos ponemos tiquismiquis) está en buena parte el futuro de nuestra ciudad y de nuestra comarca.

Por esto es fundamental apoyar a la Universidad, porque de ella salen y en ella se forman los científicos del mañana, aquellos y aquellas que pueden mejorar nuestras vidas, los que deben crear nuevos materiales, nuevos objetos, nuevas herramientas y tecnologías que sean capaces de responder a los desafíos de este siglo.

Volviendo a la encuesta realizada a los alumnos de la USAL preguntados sobre su futuro laboral y la valoración de la propia Universidad, señalar que se realizó a estudiantes de edades comprendidas entre los veinte y treinta años, de todas las ramas y cursos de la universidad, aunque con una mayoría de estudiantes de último curso, ese año anterior al final de la vida universitaria, el momento anterior al enfrentamiento con el importante reto del cambio que supone esta transición.

Algunos datos de los resultados de la encuesta:

- Casi el 80% de los encuestados tiene intención de continuar su formación cuando finalice el grado.

- Un 19% quiere opositar y el 27% desea buscar empleo directamente en el sector privado.

- El 23% considera escasa la preparación laboral recibida y el 18% cree que la formación no ha sido buena.

- Más de la mitad de los jóvenes (57%) siente mucha incertidumbre sobre su futuro.

• El 28% opina que será difícil o muy difícil encontrar el primer empleo, mientras que el 19% cree que será fácil o bastante fácil.

• Un 46% está casi seguro que deberá marcharse al extranjero para poder trabajar.

• El 44% opina que su primer empleo será con un contrato en prácticas y el 37% cree que será de carácter temporal.

• Un 34% estima que su salario superará los ochocientos euros mientras que el 38% piensa que cobrará el salario mínimo.

• En cuanto a los problemas para encontrar trabajo, señalan principalmente el de la falta de experiencia y la situación del mercado laboral. Un 19% apunta a la falta de orientación profesional recibida y el 11% aduce problemas de género en el acceso al mercado laboral, un porcentaje que también coincide con el tema de la edad.

Vistos y valorados los resultados de la encuesta podemos afirmar que los jóvenes estudiantes de la USAL no vislumbran con claridad un futuro prometedor, sino más bien negativo o pesimista, con muchas dificultades de acceso al mercado laboral, cobrando lo mínimo o quizá menos y en trabajos o profesiones que no se ajustan del todo con la formación recibida, reflejando la tendencia que ya se vive en buena parte hoy, con jóvenes muy cualificados y de excelente preparación, que buscan oportunidades fuera (todos quizá conozcan o hayan oído hablar de algún caso de ese joven brillante que emigró porque no encontraba nada aquí), o bien encontramos muchos jóvenes (pero también muchos adultos) que realizan trabajos que poco o nada tienen que ver con sus estudios, cobrando sueldos de subsistencia y con contratos temporales o sin contrato.

Esta generación de universitarios, la cual debería ser una de las mejores preparadas de la historia, gracias en parte a los medios y a los recursos de los que disponen para ello, y sabiendo que piensan así de esta manera, ¿no nos obliga a replantearnos algo? ¿No deberíamos hacer un ejercicio de autoevaluación y pensar qué es lo que está pasando o fallando? El mercado laboral es cierto que casi ni ayuda, la competitividad cada vez es mayor, se castiga la falta de experiencia de un recién titulado, hay profesiones que cada vez exigen más, pocos cuentan con la capacidad o el ánimo de reinventarse y de reciclarse con nuevos objetivos, la temporalidad, los salarios de subsistencia, la vida adulta con sus bondades y sus imprevisibles desafíos, la búsqueda de la excelencia para luego ser unos simples vasallos al servicio de unas determinadas ideas, el esfuerzo, la dedicación y el arduo empeño de muchos educadores y orientadores que no se suelen valorar ni reconocer adecuadamente, el ser, el estar, el prosperar, el vivir, en resumen, el trabajar al fin y al cabo, una actividad que no debería ser el centro de la vida sino que como dice la sentencia: «Hay que trabajar para vivir y no vivir para trabajar».

Que entre todos podamos ser capaces de invertir esos porcentajes que hemos señalado a corto plazo, que sean muchos más los que crean que se puede trabajar (y trabajar bien), que el mercado sí ofrece oportunidades, que no deben irse fuera sino echar raíces aquí, que hay vida, mucha vida, más allá del trabajo, y que este es solo un medio, un fin para conseguir algo. Que nuestro camino, que su camino, que su futuro y nuestro futuro pueda visualizarse con más claridad, sea más accesible y prometedor para todos, aunque a veces lleguen huracanes y se sientan miles de terremotos sociales o económicos. Educar para el futuro, aprender a ser y a vivir. Este es el camino y la tarea más importante.

3.12. *Fraudes y estafas laborales: Decálogo para la prevención*

La primera vez que me engañas, será culpa tuya.
La segunda será culpa mía.
Proverbio árabe

Esta propuesta surge a raíz de la lectura de una noticia en un periódico económico con el siguiente titular: «Pedir dinero por un proceso de selección y otros fraudes laborales», en la cual se afirmaba que dos de cada diez desempleados habían admitido recibir alguna oferta fraudulenta, oferta en la que se les solicitaba el pago de una determinada cantidad de dinero para participar en un proceso de selección, alertando de los fraudes laborales más comunes. Todo ello para llamar la atención en el Día Internacional de la Seguridad en Internet, un día para concienciar acerca del uso seguro de la Red, de los problemas que pueden presentarse debido a un mal uso o un abuso de las redes sociales y del papel que deben jugar la familia, los educadores y todos los agentes sociales explicando los beneficios de las nuevas tecnologías, pero advirtiendo de los peligros de abusar de ellas.

En esta ocasión, y relacionado con el tema de los fraudes laborales quisiera recordar que ante todo y sobre todo debemos utilizar el sentido común. Los estafadores han perfeccionado y mejorado sus técnicas delictivas y engañosas pero nosotros debemos ser más listos que ellos, estar bien informados y saber reconocer una estafa cuando la tenemos delante. En ocasiones es verdad que nos podemos dejar llevar por la necesidad, por la urgencia de encontrar ese trabajo, pero tenemos que saber también que las consecuencias de una estafa pueden ser muy graves y dañinas para nuestros propios intereses.

Son muchos los tipos, los medios y las formas en las que se pueden presentar ante nosotros las falsas ofertas de trabajo, las cuales nos piden datos o que llamemos a un teléfono determinado (de tarificación adicional siempre), o bien aparecen en el correo electrónico con la falsa ilusión de ser el trabajo de nuestra vida, con el cual nos convertiremos en millonarios y seremos felices. Pero cuidado. Hay personas detrás de esto que tienen otros objetivos y oscuros intereses, como los de obtener información personal o un beneficio económico directo, cuestiones estas sobre las que volveremos.

Por principio habría que desconfiar de cualquier proceso de selección en el que no se realice ninguna entrevista o que pida la formalización del contrato a través de medios electrónicos. Nunca debemos facilitar datos personales denominados sensibles, ni bancarios ni de la tarjeta de crédito, o cualquier otro dato personal que consideremos no debemos dar, como un requisito para participar en un proceso de selección. Normalmente somos nosotros los que nos dirigimos a las empresas para solicitar un trabajo, y controlamos a cuáles hemos enviado nuestra candidatura, ¿no es extraño y cuestionable entonces que recibamos una oferta de empleo de una empresa desconocida? Sí, podemos pensar que quizá hayan realizado una búsqueda de perfiles en redes sociales y hayan visto el nuestro y les encajamos, pero ¿quién les ha facilitado los datos de contacto si en nuestros perfiles no aparecen? Lo mejor es desconfiar en estos casos hasta asegurarse y verificar la identidad del que nos escribe. Mejor prevenir sabiamente que llorar desconsoladamente. Por ahora quiero dejarles algunos consejos y recomendaciones para poder identificar ofertas de empleo falsas, un decálogo que esperamos sirva para agudizar los sentidos y estar alerta y atentos ante los posibles fraudes y estafas que nos quieren colar.

Decálogo del buscador de empleo precavido

- Comprobar la fiabilidad de la fuente de acceso de la oferta enviada (verificar el nombre y la actividad de la empresa de la que nos llega la oferta)

- Desconfiar de las ofertas que ofrecen magníficos y grandes salarios por poco trabajo.

- Sospechar automáticamente de cualquier empresa que pida dinero por adelantado por el concepto que sea: gastos de administración, realización de cursos, transacciones, viajes, etcétera.

- Revisar el contenido de la oferta recibida a nivel sintáctico, ortográfico y gramatical. Una mala redacción o puntuación en la explicación de la oferta es un claro signo de una posible estafa.

• Mucha atención a las ofertas de empleo que solicitan que llamemos a un número de teléfono tipo 905, 803, 806 u 807, o que enviemos un SMS o WhatsApp, para ponernos en contacto con ella.

• Desconfiar de empresas que utilicen dominios gratuitos de Internet (.tk, .cc) y que tengan direcciones de correo electrónico del tipo @hotmail.com; @gmail.com o @yahoo.com. Cualquier empresa medianamente seria cuenta con web propia y direcciones de correo corporativas.

• Utilizar webs fiables y de confianza para la búsqueda de esas ofertas como portales de consultorías de recursos humanos (Infojobs, Randstad, Adecco, etcétera) o la página del Servicio Público de Empleo (http://www.sepe.es/) y aquellas en las que estemos seguros de que la información que facilitemos está protegida por la Ley de Protección de Datos.

• Prestar atención cuando la oferta se mantiene prolongadamente en un portal de empleo a pesar de tener muchos candidatos para el puesto ofertado.

• No fiarse excesivamente de las ofertas que prometan incorporación inmediata o de aquellas que propongan un determinado período de prueba sin remunerar.

• Si no está claramente especificado el tipo de trabajo que hay que desarrollar en la empresa es mejor desconfiar o eliminar la oferta.

Los delincuentes siempre están al acecho, modificando y perfeccionando sus métodos ilegales. Nosotros debemos conocer a qué nos enfrentamos e intentar ir por delante de ellos para evitar caer en sus redes. Quisiera recomendar a este respecto algunas de las guías que encontramos en la web del INCIBE:

Guía para aprender a identificar fraudes online:

Guía de ciberataques:

Guía de ciberseguridad:

Guía de privacidad y seguridad en Internet:

3.13. Hostelería y turismo, las ocupaciones con más futuro. ¿También en Béjar?

La ciudad no es una suma de piedras
sino una suma de individuos.
Philippe Starck

En la edición digital de un periódico regional salmantino se publicó una noticia con el siguiente titular: «El futuro de Salamanca pasa por la hostelería y el turismo», complementado con otro que apuntaba el hecho de que las ofertas de empleo en Salamanca habían crecido por encima de la media nacional. Conozcamos los datos.

La noticia mencionada resaltaba el importante auge del sector servicios en la región, pasando de suponer un 2% al 6% y situándose en el quinto lugar tras otros sectores como el de las inmobiliarias, la informática, las telecomunicaciones o la consultoría. Son datos del año 2016 que podemos consultar en el siempre adecuado informe del SEPE «Informe del Mercado de Trabajo en Salamanca. Datos 2016», que publica a través del Observatorio de las Ocupaciones y que está disponible para los interesados/as en el siguiente enlace: http://goo.gl/2JZ2ZF.

El informe, el cual nos ofrece un panorama del estado de situación del trabajo en nuestra provincia, destaca que, por actividades económicas, las que ocuparon los primeros puestos por firma de contratos fueron las siguientes: trabajadores de los servicios de restauración, personales, protección y vendedores, y dentro de estos el de servicios de comidas y bebidas con más del 16% de los contratos, y ocupaciones elementales como servicios de alojamiento y servicios de comidas y bebidas también con un porcentaje que ronda el 3% aproximadamente.

Y si nos fijáramos con más atención en las ocupaciones más contratadas encontraríamos en el *top ten* las siguientes: camareros asalariados; personal de limpieza de oficinas, hoteles y otros establecimientos similares; peones de las industrias manufactureras; vendedores en tiendas y almacenes; compositores, músicos y cantantes; cocineros asalariados; ayudantes de cocina; ordenanzas; telefonistas y monitores de actividades recreativas y de entretenimiento, los cuales suman entre todos más de la mitad de los contratos firmados el año pasado, llamando la atención las significativas diferencias de género, según las cuales en el personal de limpieza la tasa de mujeres empleadas es del 70% y en el de peones la tasa de hombres supera el 79%, equilibrándose en otras ocupaciones como camareros y ordenanzas.

Estos datos se confirman también si tenemos en consideración las ocupaciones que más solicitan los desempleados, entre las cuales destacan sobre todo las de personal de limpieza, personal de tienda y almacenes, peones de la construcción y camareros asalariados, ocupaciones que suman entre todas la nada despreciable cifra de más de treinta y tres mil solicitudes de empleo. Indicar, como aporte para terminar este punto, que un informe del Ecyl constataba que el treinta por ciento de los contratos firmados en la provincia de Salamanca de julio a septiembre de 2017 fueron de camarero, seguido de personal de limpieza, considerando eso sí el periodo vacacional, que es más propicio para la cobertura obligada de ese tipo de puestos. Parece entonces (y con ello nos aventuramos según los datos y las previsiones) que son el turismo y el sector de la hostelería aquellos que ofrecen una contratación más fiable (aunque sea temporal o por necesidades de la producción) y que nunca puede dejar de faltar en zonas como la nuestra.

Hagamos un pequeño análisis.

El sector de la hostelería ocupa y ofrece soluciones a una de las necesidades más básicas de los humanos como es el comer, y muchas de las veces la del buen comer. Nuestra región salmantina tiene un importante y a veces desaprovechado y poco explotado patrimonio turístico y cultural, atrayendo a miles de turistas que quieren satisfacer una necesidad tan básica como es el alimento, la comida, el sustento animal, vegetal o mineral. Y por otro lado la hostelería ofrece soluciones para cubrir y dar respuesta a otra necesidad humana como es el descanso, el bienestar, el cobijo y alojamiento, lo que en otros términos podríamos decir comida y techo, y mucho más cuando se viaja, se recorren sitios y lugares increíbles, se hacen rutas, se anda, se conoce, se descubre, pero, sobre todo y ante todo, se aprende.

La hostelería y el turismo cubren realmente dos necesidades notables y prioritarias de muchos humanos como son el ansia de saber, la virtud de conocer, la fortuna de viajar, la necesidad de descansar y la exigencia de alimentarse para que nuestro sistema orgánico funcione y se regule de la mejor manera posible.

Aplicar soluciones en el caso bejarano.

Somos muchas las personas y los grupos (yo me incluyo entre ellos) que pensamos que en nuestra zona privilegiada hace falta más turismo de calidad. Me da la sensación que no llegamos a vender bien lo que podemos ofrecer, la enorme riqueza no solo natural sino también cultural que se atesora y se disfruta en nuestra ciudad y en nuestra comarca. Estamos esperando que nos llegue el maná del turismo con el oro blanco de la sierra, pero de un tiempo a esta parte, y a causa y por efecto del cambio climático, quizá ese maná ya no llegue en las cantidades y calidades como lo hacía antes. Y será momento de repensarlo todo (o parte), quién sabe.

En nuestro entorno más cercano tenemos casi a tiro de piedra de molino algunos de los Pueblos más Bonitos de España (Candelario, La Alberca, Ciudad Rodrigo, Mogarraz y Miranda del Castañar), lugares bien merecedores de tal distinción, y a veces da la sensación de que estemos sobreviviendo a su sombra cuando Béjar, la gran Béjar, la textil y cervantina Béjar debe dejar de luchar de una vez contra sus molinos (que son sus propios habitantes) y apostar todos juntos por una ciudad que llegue más, que se conozca más, que atraiga más, que convenza aún mucho más y mejor. Tenemos maravillas maravillosas (y disculpen la reiteración) que mostrar. Tenemos alojamientos y gastronomía muy rica y variada que ofrecer y que vender al resto del mundo. Entonces ¿qué es lo que nos falta? ¿O qué es lo que nos sobra? Creo que cada uno/a debe hacer un ejercicio serio y profundo de reflexión sobre qué es lo que le pasa a Béjar o qué es lo que les pasa a los bejaranos y bejaranas, y llevar esas inquietudes y propuestas allí donde sea necesario para que sean escuchadas, valoradas y que promuevan una ciudad mejor.

Tengamos claro que las hadas madrinas de varita mágica y palabras milagrosas solo salen en los cuentos. Nosotros debemos ir en busca de la excelencia, de creer en la marca Béjar (que a lo mejor ya la tiene, pero que debe ser mejorada o actualizada), de encandilar a los miles de turistas que pueden pasar sin pena ni gloria por la autovía, pero que deben animarse a coger la salida dirección Béjar, acercarse a nuestra ciudad, conocerla, sorprenderse, comer en ella, dormir en ella, apreciar sus valores de todo tipo, maravillarse por su rico patrimonio único en muchos kilómetros a la redonda, embelesarse ante esa madre sierra que lo fue todo y que ahora nos observa algo triste porque ya no se siente tan viva y tan vital como antes.

Debemos apostar por nuestra ciudad, porque lo más seguro es que nadie o muy pocos lo vayan a hacer por nosotros. Tenemos que querer más a nuestra ciudad. Necesitamos aprender y saber mirar más allá y acoger más que echar, atraer más que repeler, convivir más que discutir o pelear, aportar más que aplastar, vivir más que sentirse morir, porque es lo que parece que le está sucediendo a esta ciudad, que se siente morir cuando tiene toda la vida por delante, que quizá se sienta anciana como su plaza de toros a pesar de que es joven y valerosa como aquel inolvidable caballero andante. No hay catastrofismo, no hay maldad, no hay oscuridad. Nada más hay que ser pacientes, observar, analizar, interpretar y empezar a dar lo mejor de cada uno por el bien de todos, nada más.

Si nos importa esta ciudad de verdad dejemos de un lado nuestras diferencias y busquemos juntos soluciones para poder avanzar y mejorar.

3.14. ¿Qué carrera elegir?: Comentando un estudio sobre las carreras universitarias con mejores salidas profesionales

La meta principal de la educación es crear hombres
que sean capaces de hacer cosas nuevas,
no simplemente de repetir lo que otras generaciones han hecho;
hombres que sean creativos, inventores y descubridores.
La segunda meta de la educación
es la de formar mentes que sean críticas,
que puedan verificar y no aceptar todo lo que se les ofrece.
Jean Piaget

La consultora de selección Randstad Professionals publicó en un informe los resultados de un análisis acerca de las carreras con mejor salida laboral considerando las demandas de las empresas en los últimos años y los perfiles más solicitados. Los resultados de este estudio dejan poco lugar para la duda. Las carreras más valoradas muestran tasas de paro por debajo del 7% (y en el caso de Electrónica Industrial y Medicina es menor al 1%). Estas carreras son Ingeniería Electrónica Industrial y Automática, Aeronáutica, Informática, Telecomunicaciones y Medicina.

Otras especialidades con buenos resultados son Enfermería, Matemáticas, Física o Administración y Dirección de Empresas (ADE). Podemos concluir entonces que la tecnología con sus múltiples y variadas posibilidades y las Ciencias de la Salud copan o podrían copar en el futuro los mejores datos sobre inserción profesional. Son así las carreras relacionadas con las ciencias, la tecnología, las ingenierías y las matemáticas las que ofrecerán mejores perspectivas laborales para aquellos que las estén estudiando, vayan a empezar a estudiarlas en este curso o se estén planteando cursarlas. Los datos por otro lado son preocupantes porque revelan que los estudiantes matriculados en estas disciplinas descenderán a un ritmo anual del 3% en los próximos cinco años, una cifra que se quedaría según las previsiones en 57.600 matriculaciones en el año 2021, cifra insuficiente para cubrir la enorme demanda que sigue al alza y en aumento en los sectores profesionales citados.

Son también las carreras relacionadas con la investigación o las técnicas de mercado y ADE las que pueden tener mejores salidas profesionales. Las ingenierías son ya hoy y serán en el futuro más próximo, aquellas especialidades que pueden ofrecer más oportunidades laborales. Randstad ofrece el dato esperanzador de que el año pasado una de cada cuatro ofertas de empleo estaba relacionada con alguno de estos perfiles, siendo esta una tendencia estable para el futuro más próximo. Aquellos que estudian o estudiarán Ingeniería Electrónica, Aeronáutica e Industrial quizá formarán parte del grupo de los elegidos con mejores y mayores posibilidades de acceso al mundo laboral incluso antes de terminar sus estudios.

Si pensamos en la oferta de titulaciones de grado de la Escuela Técnica Superior de Ingeniería Industrial de Béjar (http://industriales.usal.es/) comprobamos que son tres los grados que oferta: Grado en Ingeniería Eléctrica, Grado en Ingeniería Electrónica Industrial y Automática y Grado en Ingeniería Mecánica. Eso quiere decir que algunas de las carreras con más futuro profesional *a priori* se pueden estudiar en Béjar.

Este es un motivo para reflexionar sobre el papel que pueden jugar las administraciones local y autonómica para atraer más estudiantes a nuestra ciudad, poder encauzar su futuro, un mañana bastante prometedor en el ámbito laboral para que luego en lugar de marcharse a otros pueblos o ciudades buscando algo mejor o con más perspectivas puedan echar raíces aquí y evitar la despoblación que tanto nos está afectando y de la cual empezaremos a sentir las primeras consecuencias si no se frena de aquí a poco tiempo.

Si tenemos un espacio donde hablar de futuro, donde construirlo, donde poder decir a los jóvenes que su sitio está aquí, ¿no sería bueno que todos los implicados pusieran de su parte para ello? ¿No sería importante para la ciudad de Béjar que en lugar de perder más población se facilitara aún más y con otros medios y fórmulas la estancia y residencia aquí? Se deben plantear nuevas políticas de asentamiento, de residencia, de atracción demográfica en lugar de espantarla o de ignorarla. Solo así podremos frenar y contener uno de los más graves problemas que Béjar tiene de cara al futuro y empezar a encontrar soluciones más que poner trabas y zancadillas como parece que se está haciendo ahora.

Y siguiendo con las especialidades, los puestos y perfiles más demandados serán dentro del área de salud los siguientes: MSL

(Medical Science Liaison, Enlace Científico Médico), Medical Advisor y Medical Manager. En el sector farmacéutico los puestos de Market Access Nacional y Market Access Regional o los de Health Economics Specialists serán los que tengan más demanda. Así Medicina, Enfermería y Farmacia serán las tres carreras que mejores salidas profesionales tengan porque ya hoy mismo hacen falta más especialistas en estas áreas para poder cubrir la demanda de laboratorios, de empresas de salud o de departamentos médicos de compañías aseguradoras entre otros.

Randstad Professionals comenta asimismo en el estudio que el sector de la banca y las finanzas vuelven a tener un peso significativo y que necesitan expertos en economía e investigación de mercados para cubrir las demandas de muchas empresas. Estos profesionales deben disponer de conocimientos en análisis estratégico, en análisis de riesgos y en el tratamiento de Big Data, conocimientos que se aprenden en carreras como Matemáticas, Física o Estadística.

En resumen, podemos decir que se cumplen las previsiones ya apuntadas por otros estudios como el Informe Infoempleo Adecco sobre el mercado de empleo en España (https://goo.gl/XUmA8r), el cual indica que las titulaciones más demandadas en la ofertas de empleo son ADE, Ingeniería Informática, Comercio y Marketing, Ingeniería Industrial, Enfermería e Ingeniería de Telecomunicaciones. El Ranking Universidad-Empresa de la Fundación Everis concluye que entre las titulaciones que generan más contratos están las siguientes: ADE, Ingeniería Industrial, Ingeniería Informática, Ingeniería de Telecomunicaciones, Enfermería o Ingeniería Mecánica. Según todos estos datos, estudios y tendencias parece que el futuro se escribirá y necesitará ser escrito desde la tecnología y la salud. Aún estamos a tiempo para formar parte de él plenamente. Es nuestra decisión si hacerlo o no hacerlo, si sacrificar nuestras preferencias en formación o nuestros gustos por una mejor y más estable inserción profesional. Vosotros, estudiantes, tenéis la última y más valiosa palabra. Nosotros solo podemos orientaros y haceros sugerencias. Pero elijáis lo que elijáis, ante todo y sobre todo aprender, ser felices y crecer en plenitud.

3.15. De mayor quiero ser... Algunos datos para la reflexión

En cada niño se debería poner un cartel que dijera:
Tratar con cuidado, contiene sueños.
Mirko Badiale

Vamos a comentar los resultados de la XIV Encuesta Adecco «¿Qué quieres ser de mayor?», una introspección acerca de las profesiones y los trabajos que quisieran realizar y/o desempeñar los niños y las niñas del mañana.

No hay sorpresas destacadas frente a otras encuestas anteriores o a lo que nosotros podemos pensar en lo que quieren, esperan o desean trabajar los niños y las niñas en el futuro. Profesiones como futbolistas, médicos o policías siguen copando las primeras posiciones en esos deseos, aunque van entrando poco a poco perfiles más relacionados con las tecnologías como informáticos/as, diseñadores/as de videojuegos, especialistas en ciberseguridad, *gamers* o *youtubers*, entre otros.

En cifras totales destacan las significativas diferencias en cuanto a sus deseos. Esas diferencias por género siguen marcando parte de los roles tradicionales asignados a cada sexo, y así los niños quieren ser mayoritariamente futbolistas, policías, profesores, *youtubers* o arquitectos, mientras que a las niñas en su mayoría les gustaría ser, en este orden, profesoras, veterinarias, médicas, policías o peluqueras.

Por sectores los niños preferirían profesiones vinculadas al deporte, a la seguridad y las fuerzas del orden, las ingenierías o el universo de las TIC. Las niñas, por su parte, preferirían el sector de la enseñanza, el sanitario, profesiones relacionadas con el mundo animal y aquellas vinculadas con el mundo artístico como cantantes, actrices o modelos.

El informe resalta que hay profesiones que también llaman la atención de los niños y niñas, pero que no cuentan con especial representatividad como entrenador/a de delfines, acróbatas, cuidador/a de perros, famoso/a de una serie, estilista de uñas, fabricante de juguetes, informático/a de hospital, mariachi o rockero/a. Lo que los niños y las niñas encuestados parecen tener más claro es lo que no quieren ser en el futuro, y según el orden por porcentajes de respuesta aparecen político/a, barrendero/a, camarero/a, bombero/a. Tampoco quisieran ser, pero en menor porcentaje, ladrones/as, reyes/reinas, cabreros/as, alcaldes/alcaldesas o presentadores/as de *reality shows.*

También se preguntó a los niños y a las niñas su opinión sobre el trabajo del futuro y el futuro del trabajo. La gran mayoría mencionó el intrusismo de las máquinas y la convivencia hombre-robots. Coinciden en que los trabajos del futuro serán más tecnológicos por la introducción de robots, ordenadores o máquinas en los procesos productivos; que serán mejores que los de ahora, más fáciles de hacer o que cobraremos más, mientras que otros creen que serán más aburridos, que trabajaremos más horas o que serán muy difíciles de desempeñar.

En respuesta a la pregunta de cuál sería su mejor jefe, o aquella persona con la que les gustaría trabajar en el futuro se reproducen las diferencias de género en la elección. Los niños se decantan más por líderes del mundo del deporte, seguidos de músicos, personajes de la televisión o del cine y personajes de ficción de series o películas. Las niñas, por su parte, prefieren alguien del mundo de la música, de la televisión, del deporte, del cine o de algún dibujo animado. Y en cuanto a personas concretas, los niños en su mayoría preferirían como jefes (en este orden) a Cristiano Ronaldo, a Leo Messi, a nadie, a Zinedine Zidane, a Pablo Motos, a Andrés Iniesta, a Shakira, a Rafael Nadal y a Florentino Pérez. Las niñas, por el contrario, elegirían en primer lugar a nadie (no quisieran tener ningún jefe), y si lo tuvieran serían Shakira, Pablo Motos, Aitana, Cristiano Ronaldo, David Bisbal, Leo Messi, Samantha Vallejo-Nájera o Almudena Cid en este orden.

Otros posibles jefes que no aparecen en los primeros puestos, pero que son también representativos, serían Matías Prats, Stephen Hawking, Susana Díaz, Picasso, Michael Jordan, Pocoyo, Bob Esponja o Sheldon Cooper. También habría en esta lista dos *youtubers* como El Rubius y Logan G.

Deportistas, presentadores/as de televisión o cantantes son las preferencias de niños y niñas para que fueran sus jefes, personas ligadas al éxito o que son triunfadores o triunfadoras en sus sectores y ámbitos profesionales.

Y para terminar, quisiera comentar las respuestas a la pregunta de qué es lo que consideran más importante para ser felices en el trabajo. Los adultos tenemos nuestras propias valoraciones para destacar la felicidad en el trabajo, pero para los niños y niñas lo más importante es disfrutar de un buen ambiente laboral y tener una buena relación con los compañeros/as, seguido de un buen salario, tener una buena actitud, un buen trato u horario. En puestos inferiores, pero también destacados, mencionan el reconocimiento de superiores y compañeros de trabajo y disponer del material adecuado para desempeñar lo mejor posible sus funciones. Algunos de los comentarios que salieron de los niños y niñas en este punto fueron los siguientes: «Que no te quiten el trabajo»; «Poder elegir tu horario»; «No madrugar mucho»; «Que el jefe no se queje cuando le pidas vacaciones»; «Tener ventanas en la oficina para poder ver la calle»; «Que pongan espaguetis en el comedor»; «Que la gente huela bien» o «Que pongan sofás de masajes».

Estos son algunos de los comentarios y resultados del informe relativo a qué quieren ser los niños y niñas de mayores. Y no son datos muy alejados de una realidad que indica que 2,3 millones de niños y niñas están en riesgo de pobreza infantil, aquellos que tienen más probabilidades de abandonar sus estudios antes de acabar ciclo, que pueden padecer obesidad o que pueden seguir siendo pobres en la edad adulta. Por eso sueñan y esperan ser como sus ídolos o sus referentes: personas ricas, triunfadoras, modelos de éxito sin problemas económicos (o eso es lo que nos transmiten).

Y lanzo para reflexionar la siguiente pregunta: ¿Qué sociedad estamos construyendo? ¿Qué mundo estamos dejando como herencia a los niños y las niñas del mañana? Ahí están los datos, las valoraciones, las respuestas. Ahí están los niños y las niñas con sus esperanzas y sus sueños. Nos queda ahora a nosotros reflexionar y valorar todo eso para pensar si queremos seguir por el mismo camino o si tenemos que ponernos juntos a planificar otros caminos alternativos. En nosotros queda la decisión. Hasta entonces, hasta que nos decidamos, los niños y niñas seguirán soñando libres, confiados en aquello que crean o entiendan mejor. Y ojalá que nunca, nunca, nunca dejen de hacerlo, por supuesto.

3.16. Preparados, pobres y parados: una reflexión

Ser considerado con los demás te llevará más lejos en la vida que cualquier título universitario.
Marian Wright Edelman

A veces hay noticias que no te acabas de creer, bien porque piensas que no pueden ser verdad o porque contienen algún tipo de trampa o engaño. Y otras veces la realidad es tan cruda y cruel que parece mentira que puedan suceder cosas como las que se pueden leer. Es el caso de una notica que apareció en medios digitales con el siguiente titular: «Más de un millón de personas con título universitario están en riesgo de pobreza en España».

La primera impresión puede ser impactante, de incredulidad, de asombro ante esa cifra, ante un hecho que, de ser cierto, es cuanto menos sorprendente a la vez que preocupante. Es uno de los datos que recoge un estudio de la Red Europea de Lucha contra la Pobreza y la Exclusión Social en el Estado Español, informe que fue presentado precisamente el mismo día en el que se conmemoraba el Día Internacional para la Erradicación de la Pobreza.

No son buenos datos desde luego; de hecho son más de 320.000 personas que hace una década, pasando de una proporción del 30% en 2008 al 35,8% en 2017 con el siguiente perfil mayoritario: mayor de dieciséis años y nivel de estudios medio o alto, es decir, un joven con estudios superiores o con estudios de formación profesional.

¿Qué sociedad fabrica parados y pobres antes que personas libres y dignas con todos sus derechos cubiertos y protegidos? ¿Qué sociedad mira pasivamente cómo aumentan los pobres y no es capaz o no quiere hacer nada por evitarlo? ¿En qué modelo de relaciones se está educando a las nuevas generaciones? Se considera que alguien está en riesgo de pobreza cuando el hogar no llega al umbral de pobreza, una cifra que representa el 60% de la mediana de renta del país por unidad de consumo. Hasta hace pocos años, la mayoría de titulados universitarios podía encontrar un trabajo rápidamente o en un tiempo razonable, obteniendo un salario digno y adecuado a cambio, mas esto cambió radicalmente tras la crisis de 2008, cuando muchos modelos cayeron, cuando muchas esperanzas se truncaron y el mundo empezó a ser un lugar incómodo, inesperado y peligroso para muchos. La crisis inició el camino del cambio en muchos sentidos y fue desastrosa para una parte importante de los ciudadanos, aquellos que perdían sus trabajos, sumergiéndose en una espiral de desasosiego, tristeza e incertidumbre de la cual les costaba muchísimo salir. Algunos testimonios así lo reflejan, como el de una ingeniera de sistemas informáticos que retornó a España desde Estados Unidos tras la muerte de su padre, y que destacaba: «He pasado muchísimas noches sin dormir por la angustia». Es un ejemplo de tantos miles de jóvenes que vieron truncados sus sueños y esperanzas por la crisis.

En cifras globales han aumentado todos los índices de riesgo según nivel de estudios terminados menos aquellos/as que cursaron educación primaria o menos, bien porque acceden a trabajos con baja o escasa cualificación (y por tanto también salario), bien porque deben realizar varios trabajos para sobrevivir o porque el trabajo que desarrollan no les proporciona lo suficiente para poder vivir con dignidad, pasando de un porcentaje del 41,4% en el año 2008 al 30,3% para el año 2017. Y significativo también es el aumento en el porcentaje de riesgo en personas con estudios superiores terminados, que pasa del 10,7% al 13,8% en una década.

La pobreza, o mejor dicho, el riesgo de pobreza, está dibujando un perfil que quizá sea contrario al que podamos imaginar o pensar. El informe ya citado ofrece el siguiente perfil mayoritario de pobres en España: personas españolas adultas, con trabajo y con un nivel educativo medio o alto. Aquellos que tuvimos la suerte de pertenecer a la generación EGB, de cursar estudios medios o superiores gracias muchas veces a los esfuerzos de nuestros padres, comprobamos inquietos ahora que es mucho más complicado encontrar trabajo, o que el trabajo que logramos es cuanto menos precario, para nada acorde con nuestros estudios o cualificación y que nos reporta nada más que sueldos mileuristas o a veces ni siquiera eso.

Muchos creímos que la educación recibida y certificada conllevaría un trabajo seguro, estable y digno, pero no fue así. O al menos no es así de momento para miles de aquellos y aquellas que pertenecemos a la llamada generación sándwich. El sociólogo Juan Carlos Llano, autor del estudio, lo explica así: «Primero nos educaron en la creencia de que tener empleo era suficiente para no caer en la pobreza. Hemos visto que no es así. De hecho, más del 30% de las personas pobres tiene trabajo. Después creímos que bastaba con ir a la Universidad para poder tener una vida decente, y tampoco. La precariedad no solo alcanza a trabajos menos cualificados, va subiendo de nivel y llega a grupos que se creían libres de esto".

Por comunidades, son Extremadura y Canarias las que cuentan con mayor porcentaje de población en riesgo de pobreza, con más del 40%, frente al 13,5% de Navarra o el 14,4 y 14,5% respectivamente de La Rioja y el País Vasco. Castilla y León se encuentra entre las comunidades con menor porcentaje de población en riesgo con el 18,4%. Aun así son datos para reflexionar y/o considerar en su justa medida porque son personas, son familias, es futuro, es sociedad y vida al fin y al cabo.

Algunas claves para intentar reducir o combatir este riesgo de pobreza serían por ejemplo las siguientes:

- *Apostar por la Formación Profesional.*

Los estudios de Formación Profesional pueden ser una recomendable y excelente alternativa ante el colapso universitario. De hecho un informe de Adecco indica que el 30% de las ofertas del mercado laboral están dirigidas a titulados en algunas de las ramas de la FP. En Béjar podemos presumir de ello, de buenos estudios y estudiantes, y de propuestas como las relacionadas con la rama de administración, la de electricidad y electrónica (que incluye la robótica) y la rama de confección y patronaje de moda.

- *Cursar másteres habilitantes para encontrar un trabajo.*

Los másteres habilitantes son aquellos que un candidato debe haber cursado obligatoriamente para poder ejercer una profesión. Son titulaciones de gran demanda y que ofrecen los conocimientos teórico-prácticos para desarrollar una profesión determinada con todas las garantías. Entre otros podríamos mencionar por ejemplo el Máster de Formación del Profesorado (antiguo CAP), que es el que habilita para que cualquiera pueda ejercer como profesor o docente en colegios, institutos públicos, privados o concertados.

Otra posibilidad serían los Certificados de Profesionalidad que ya demandan muchas empresas y que aparecen como requisito indispensable en algunas ofertas de trabajo.

• *Plan B: oposiciones, pero cada vez más difíciles y masificadas.*

Siempre quedará el recurso a las oposiciones, pero estas cada vez son menos, a cuentagotas diría yo, y además se presentan muchísimos candidatos a ellas, con un ratio muy elevado para cada plaza, reduciendo considerablemente las opciones de éxito.

• *Networking a tope y búsqueda dirigida.*

El candidato/a debe reforzar y ampliar su red de contactos y realizar una búsqueda de trabajo lo más concreta y orientada posible para obtener así los mejores resultados e intentar librarse de algún modo de esa pobreza que siempre nos acecha.

• Informe Estado de la Pobreza AROPE 2018:

• Crecimiento inclusivo, empleo y lucha contra la pobreza:

3.17. *Aprendiendo a emprender, una oportunidad para Béjar*

Hay muchas malas razones para empezar una empresa.
Pero solo hay una buena razón
y creo que sabes cuál es:
cambiar el mundo.
Phil Libin, fundador de Evernote

Entre los cientos de noticias que se producen sobre procesiones, silencios, Vía Crucis, potajes, viajes, torrijas, familias, Puigdemones, presupuestos, fútbol, pensiones, reuniones y otras varias, quizá haya pasado desapercibida una que nos afecta (esta vez para bien) a nuestra ciudad de Béjar, y cuyos frutos (que esperamos los tenga y abundantes) puedan empezar a notarse a medio plazo. Y es que la Consejería de Empleo de la Junta eligió al CIFP Ciudad de Béjar como uno de los destinatarios de las ayudas del programa de sensibilización «Se hace camino al emprender», un proyecto dirigido a jóvenes estudiantes de dieciséis a dieciocho años para que conozcan qué es el emprendimiento y la cultura emprendedora y se impliquen, si así lo desean, en generar empresas u otro tipo de actividades para impulsar el crecimiento de los lugares donde viven.

EL CIFP Ciudad de Béjar ha sido elegido el centro de la provincia de Salamanca para que los alumnos conozcan de primera mano qué significa y qué implica emprender, sus ventajas y desventajas, y la necesidad de apostar fuerte por los entornos rurales.

El programa consta de tres fases: encuentro inicial con los alumnos; interacción con la web del programa (http://sehacecamino.es) y atención más personalizada con un tutor que ofrecerá formación sobre emprendimiento y visitas a espacios y empresas en activo.

El funcionamiento de la propuesta es el siguiente: a cada instituto se les asigna una empresa virtual que los alumnos deben organizar e impulsar basándose en la buena utilización de los ahorros virtuales de la que todos son parte. Cada grupo se guía a través de cinco pasos o sugerencias (que pueden consultarse en la web en la sección Plan Desarrollo): Idca; Darsc a conoccr; Producto/Servicio; Marketing emprendedor; Compras/Ventas. Al final de curso se realizará un balance simulado de beneficios sobre la empresa que les ha tocado gestionar.

Paralelamente, todos los alumnos reciben apoyo de los «voluntarios emprendedores», autónomos en activo que colaboran en el proyecto complementando a los tutores. Su función es la de orientar, aconsejar y compartir su experiencia de gestión y desarrollo de la idea emprendedora y de la empresa. Estos voluntarios se comunican a través de la web con los participantes del proyecto y pertenecen a todos los sectores económicos y empresariales.

Este proyecto es un programa para formar y sensibilizar en el espíritu emprendedor en todos los niveles formativos, que es uno de los objetivos de la Ley de Estímulo a la Creación de Empresas en Castilla y León (http://goo.gl/ymqbLa), ya que en su artículo 4 indica: «La consejería competente en materia educativa reforzará la formación y motivación para la creación de empresas en las etapas educativas no universitarias, a partir de la educación primaria, la educación secundaria y el bachillerato y, de forma muy especial, en la formación profesional», por lo que se agradece que nuestro instituto bejarano haya sido seleccionado para participar en este proyecto, el cual esperemos que transmita de verdad esa opción por el emprendimiento rural en nuestros jóvenes estudiantes, para que en un tiempo no muy, muy lejano, ellos dirijan sus propios proyectos y se queden aquí en Béjar, echen raíces y puedan encontrar buenas oportunidades, con las trabas burocráticas o administrativas justas y necesarias, con el apoyo de todos los sectores y estamentos sociales de la ciudad, porque lo que se echa en falta en Béjar son más proyectos y apuestas por ella.

Mucha gente viene de fuera para querer implantar negocios aquí (veremos en qué acaba todo ello y si inversores-Ayuntamiento pueden alcanzar y sellar buenos acuerdos beneficiosos para todos). Seguramente dentro de poco tiempo (y ojalá sea así) nuestros jóvenes, aquellos que han nacido o que vienen a estudiar a Béjar desde otros lugares, quieran apostar por ella. La pregunta ahora es: ¿estamos preparados el resto para apoyarles?

Que las ganas y el espíritu emprendedor nunca se agoten. Que nuestro apoyo sea total y completo para aquellos jóvenes que quieran quedarse y montar su negocio o su empresa aquí. Y que el resto de los bejaranos y de las bejaranas estemos a la altura de este compromiso más allá de cualquier otra consideración.

3.18. Sobre lanzaderas de empleo y el trabajo o no trabajo en Béjar

Únicamente aquellos que se atreven a tener grandes fracasos terminan consiguiendo grandes éxitos.
Robert F. Kennedy

En el pleno ordinario de enero de 2018 el grupo municipal Tú Aportas presentó una moción para la creación de una lanzadera de empleo y emprendimiento solidario en Béjar (https://goo.gl/MQGHTF), la cual fue desestimada con los votos en contra del Partido Popular y la abstención de la concejala de Ciudadanos. Al equipo de gobierno municipal tengo que decirles que han perdido una oportunidad importante. Y también que si bien se está haciendo lo que se puede por el empleo en Béjar, se puede hacer aún mucho más. Cerramos el año 2017 con 1392 parados. Es cierto que son unos pocos menos del inicio, pero lo cierto es que todavía hay mucho por hacer, y todas las iniciativas y los esfuerzos para lograr más trabajo parecen pocos. Siendo este uno de los principales problemas de la ciudad, creo que las instituciones siempre pueden hacer más, siempre deben hacer más.

Quiero ofrecer a continuación algunos datos relevantes sobre las lanzaderas de empleo, las cuales espero se tengan en cuenta por si en el futuro otro grupo quiere volver a intentar la aprobación de las mismas.

- Las lanzaderas representan una nueva filosofía de empleo, adaptada al nuevo paradigma laboral que marca un mercado global, saturado y cambiante.

• Una lanzadera es un equipo de unas veinte personas desempleadas de diferentes edades, perfiles formativos y laborales que durante cinco meses entrenan una búsqueda de trabajo innovadora, proactiva, organizada, visible y solidaria. Todos los participantes acuden de forma voluntaria y gratuita al programa.

• Desde el año 2013, que fue la fecha de inicio de las lanzaderas hasta ahora (septiembre de 2024) se han puesto en marcha 864 lanzaderas en las que han participado más de 20.000 personas desempleadas de todo el país en más de 300 ciudades, logrando que entre el 50 y el 60% de los participantes hayan conseguido un empleo por cuenta propia o ajena, o bien hayan retomado su formación.

• Aproximadamente seis de cada diez participantes en las lanzaderas consiguieron contratos de más de dos meses de duración, de media jornada o superior, con seguridad social, en profesiones relacionadas con sus estudios o en profesiones en las que deseaban trabajar. El empleo tipo conseguido tras la participación en las lanzaderas es un trabajo temporal, de jornada completa, por cuenta ajena, con un salario de unos mil euros al mes y dados de alta en la seguridad social.

Con estos datos podría haber sido adecuado e interesante a todas luces probar este novedoso proyecto de empleo en Béjar, pero los actuales gestores manifestaron con claridad que se conforman con los talleres de empleo (sería interesante conocer el porcentaje de ocupación efectiva tras la formación recibida), con las cooperativas creadas (de limpieza), y con una estación de esquí que durará todo lo que tarde el cambio climático en desarrollarse.

En el siempre complicado mercado laboral cualquier iniciativa o proyecto que pueda mejorar las oportunidades de incorporación de los desempleados debe ser tenido en cuenta, pero este no ha sido el caso en Béjar, habiendo dejado pasar una buena oportunidad para lograr que algunos desempleados pudieran conseguir un trabajo.

Otra vez será, qué le vamos a hacer. Mientras tanto a seguir esperando nuestro turno, a que nos toque el Euromillón o a enterarse por conocidos que en tal o en cual empresa buscan trabajadores. Esta circunstancia me evoca parte de mi niñez cuando en el envoltorio de los chicles aparecían las temibles palabras: «Sigue buscando». Toca buscar porque no nos quieren enseñar a encontrar. ¿Ayudamos o acompañamos en la búsqueda con más decisión o abandonamos a los parados bejaranos a su suerte? Yo, personalmente, voto por acompañar y que logren su objetivo.

En tiempos complicados cualquier apoyo siempre es bueno y agradecido. Este año no sabemos cómo se comportará el mercado laboral, y es bueno estar preparados. A lo mejor, en breve este Ayuntamiento nos sorprende diciendo que tienen un plan para Béjar y que un inversor quiere montar no sé cuántas empresas en la ciudad dando trabajo a más de un centenar de personas. Sería un buen comienzo para mitigar uno de los principales problemas de esta ciudad. Pero eso sí, los bejaranos debemos responder adecuadamente.

Nota: En noviembre de 2020 comenzó a funcionar la Primera Lanzadera de Empleo en Béjar con dieciocho personas inscritas, quince mujeres y tres hombres de edades comprendidas entre los veintidós y cincuenta y siete años que en dos meses reforzaron sus competencias personales y digitales para enfrentarse con mayor éxito al mercado laboral. Su dinamizadora comentaba tras su finalización: «La lanzadera comenzó con un grupo de participantes muy centrado en el proyecto y en sí mismo, y ha finalizado con las expectativas cumplidas y una evolución francamente alta. Han mejorado en gran medida sus competencias digitales, han ganado en seguridad y están preparados para enfrentarse a los procesos de selección. Ahora se sienten capaces de hablar de ellos mismos y de aprovechar al máximo sus competencias y habilidades. Han descubierto estrategias para conocer el mercado laboral oculto y realizado un gran trabajo de investigación de sus empresas diarias. Están preparados para salir al mundo laboral y poner su granito de arena en él».

Yo mismo tuve la oportunidad de participar en esta lanzadera de Béjar como voluntario compartiendo algunas ideas sobre el currículum, el videocurrículum y la entrevista de trabajo.

3.19. Búsqueda de empleos verdes y sostenibles: algunas orientaciones

La principal causa de la destrucción
del medio ambiente es la pobreza.
La gente que muere de hambre
no puede preocuparse por la contaminación;
se preocupa por la comida.
Michael Crichton

En esta ocasión queremos recomendar a todos aquellos que buscan empleo en cualquiera de los sectores verdes algunas páginas donde pueden consultar, apuntarse o enviar su candidatura a las ofertas de empleo que se ofrezcan.

Trabajar en empleos verdes puede constituir una doble oportunidad: se trabaja en algo que nos gusta y a la vez se pueden poner en práctica acciones para mejorar el mundo. Los empleos verdes son necesarios, máxime en la situación de cambio climático que parece estamos viviendo. Aún no disponemos del poder de controlar el tiempo meteorológico, pero lo que sí podemos y debemos es ser conscientes de que algo está pasando y aprender a minimizar los riesgos o los factores por los que se producen esos cambios de tiempo tan bruscos y acentuados que tanto nos sorprenden.

La cumbre sobre el clima celebrada en Madrid en 2019 no logró avances importantes, no consiguió sacar de los países más contaminantes nuevos compromisos, y parece que pasa el tiempo sin darnos cuenta de que este modelo no nos va del todo bien, que si no se cambian o revierten las cosas en pocos años las consecuencias quizá serán ya irreversibles. ¿Es este el futuro que queremos de verdad? ¿Es este el legado que dejaremos a las próximas generaciones?

Aquellos que trabajan en empleos verdes sí pueden cambiar las cosas (o al menos intentarlo), aunque en algunos casos puedan aparecer o presentarse otros intereses que poco o nada tienen que ver con el respeto al medio ambiente y a la biodiversidad, con la búsqueda de energías más limpias, con frenar el calentamiento global y sus terribles consecuencias.

Hasta que no tengamos claro y seamos conscientes de verdad que solo tenemos este mundo y que debemos protegerlo mejor nada podrá cambiar en nosotros ni tampoco por supuesto en la naturaleza.

Desde aquí, desde estas pequeñas palabras, envío mi más cordial agradecimiento a todos los que cada día se esfuerzan en un compromiso real por creer y por construir un mundo mejor para todos, por quienes piensan y actúan en verde de verdad. Gracias a todas y a todos.

Las siguientes páginas son lugares donde encontrar información y ofertas de empleos verdes y sostenibles. Espero que sean útiles y de interés para todos los que buscan empleo en este campo:

- www.cienciasambientales.com

En esta página no solo encontraremos información de las ofertas de empleo de medio ambiente sino cursos de formación o noticias relacionadas con el sector.

- www.redemprendeverde.es

Web en la que accedemos a servicios y recursos para crear, poner en marcha o consolidar empresas en el sector verde. Es una iniciativa de la Fundación Biodiversidad y del Ministerio para la Transición Ecológica y el Reto Demográfico, en la cual se informa por ejemplo de líneas de negocio de actividades encaminadas al medio ambiente o cómo conducir la inversión hacia actividades económicamente sostenibles.

Es un interesante lugar de acceso y de consulta sobre ayudas, experiencias de éxito, foros, encuentros y acciones encaminadas a montar una empresa, bien para darla a conocer en la red o para buscar apoyos y contactos nuevos.

Tu portal de empleo en medio ambiente

El punto de encuentro entre candidatos y empresas del sector verde.

- www.trabajaenmedioambiente.com

Web que recopila cientos de ofertas de empleos verdes. Podemos acotar la búsqueda de esas ofertas por palabras clave, ubicación, categoría, empleo público o privado o según experiencia.

Es una de las referencias para la búsqueda de empleos verdes. Incluye un blog con contenidos sobre búsqueda de empleo o formación entre otros temas, y una sección de podcast con más de cuarenta grabaciones que tratan cuestiones relacionadas con el medio ambiente o la búsqueda de empleos verdes entre otros.

- Facebook “Yo quiero trabajar en medio ambiente”:

Cuenta de la red social en la cual podemos encontrar información sobre ofertas de empleo del sector y cursos o actividades formativas del entorno verde.

- http://aguasresiduales.info/empleo/ofertas-de-trabajo

Web que contiene ofertas de empleo del sector del agua en diferentes puestos y categorías profesionales.

Y por supuesto también se pueden encontrar ofertas en las webs de anuncios como Milanuncios.com

3.20. El trabajo de hacer hablar a las máquinas: Una oportunidad y un desafío

El hombre acepta sin problemas
que una máquina corra más que él.
Pero difícilmente aceptará que piense mejor que él.
Mijaíl Tal

Se comenta y se disiente en muchos ámbitos y foros acerca del impacto de los robots en el futuro del trabajo y en el mercado laboral. Esta es una cuestión que seguramente irá variando mucho a lo largo del tiempo, puesto que sobre todo dependerá de hasta qué punto o límite estarán dispuestos los empresarios a que entren las máquinas en sus empresas. Lo que es indudable, es que aún subsisten trabajos y modos de trabajar que no los puede hacer una máquina, y en eso aún queda bastante camino por recorrer.

En lo que crece y se desarrolla este necesario debate, las máquinas siguen entrando paulatinamente en el mundo laboral, eso es cierto, y quería rescatar un foco de empleo interesante relacionado con las máquinas y sus posibilidades. Me estoy refiriendo a la lingüística computacional, muy ligada a la inteligencia artificial. El mercado demanda en este sentido personal cualificado que tenga conocimientos de los dos mundos, del mundo humano (lenguaje natural) y del mundo de las máquinas (lenguajes de programación).

Estamos llenos de diferentes mensajes en el mundo virtual. Tenemos la capacidad de interactuar con las máquinas para expresar y exponer nuestras opiniones, quejas o tratos recibidos a través de diferentes canales, información esta que queda registrada, pero que a veces solicita una respuesta adecuada.

Nosotros los humanos quizá nos perderíamos entre tantos datos, entre tanta información, entre tantas palabras dispersas y lenguajes desconocidos. Desorientados dentro de este universo es necesario un intérprete que recoja y organice todo eso. Necesitamos alguien que recopile y que transforme en lenguaje comprensible toda esa amalgama de información. Para esta tarea podríamos utilizar también a las máquinas, las cuales son capaces de extraer mediante palabras, conceptos o reglas esa información que nos gustaría entender. En esta tarea de traducción son fundamentales los lingüistas, aquellos que traducen del lenguaje natural al lenguaje de las máquinas, aquellos que etiquetan, reconocen y encuentran las mejores palabras para que las máquinas puedan procesarlas correctamente y ofrecernos así la información precisa que necesitamos.

Los lingüistas computacionales deben colaborar con las máquinas para que estas no confundan los significados y los posibles dobles sentidos de algunas de las palabras que utilizamos, y así, cuando en una web aparezca la palabra sol, la máquina sepa que nos referimos al astro rey y no a la moneda de Perú por ejemplo.

Los lingüistas computacionales ya colaboran en la creación de algoritmos, de modo que las máquinas vayan reconociendo más palabras o frases gracias al big data y sean capaces de ofrecer mejores respuestas a los usuarios a través del *machine learning*. Para ello hay que haber etiquetado morfosintácticamente y a nivel de significado todos los fragmentos del lenguaje que aparecen en un texto. Las máquinas deben aprender a leer un texto correctamente y saber qué es lo que quiere decir, elaborando la mejor respuesta posible si le fuese requerida.

La lingüística computacional es una tendencia de trabajo tal y como lo demuestran varios informes como el *Estudio de caracterización del sector de tecnologías del lenguaje en España*, del Ministerio de Economía y Empresa, que toma datos del año 2017 y que destaca un aumento en la contratación de personal en este campo unido a un incremento en las ventas, facturando hasta los doscientos millones de euros. Un aumento o avance que apoya y ratifica la consultora Credence Research, la cual asegura que las tecnologías PNL crecerán a un ritmo entre el 10 y el 15% hasta el primer cuarto de siglo, con un beneficio superior a los 28.000 millones de dólares, y es que el trabajo de hacer hablar a las máquinas y que nos entiendan, pero no solo esto sino que además sean capaces de respondernos correctamente, es un trabajo colosal, pero que es tendencia.

Quién sabe cómo será la convivencia hombre=máquina de aquí a unos años, si catastrófica o constructiva, si pacífica o violenta, si de apoyo o de rechazo, pero lo que queda claro a tenor de lo expuesto y de lo que dicen los expertos es que son y serán muchos profesionales del lenguaje quienes tengan la oportunidad de trabajar para que podamos llegar al mejor y más provechoso de los entendimientos, aunque yo me planteo que si muchas veces no somos capaces de poneros de acuerdo ni entre nosotros, ¿cómo lo haremos con las máquinas?

3.21. *Talento y futuro: una necesidad para todos*

Todos tenemos talento porque todos los seres humanos tenemos algo que expresar.
Brenda Ueland

Aquí quisiera referirme a un concepto imprescindible y necesario para nuestras sociedades: el talento.

Hace unos días leía lo siguiente en un medio digital de la provincia charra: «El talento en Salamanca no hay que ir a buscarlo fuera, el talento se crea en nuestra ciudad». Son palabras del alcalde de Salamanca en la entrega de las becas doctor. Son palabras que, si bien tienen toda la razón y la fuerza de la realidad, en el fondo esconden una clara responsabilidad común.

Es cierto y contrastable que tenemos mucho talento en la provincia, y creo que ese talento se descubre y se desarrolla durante las primeras etapas educativas. El talento hay que animarlo, incentivarlo y reforzarlo durante todas las etapas académicas, pues los talentosos niños y niñas serán personas que creerán en un mundo mejor para todos. Gracias a todos los que se encargan de potenciar y desarrollar su talento podemos pensar y creer en un mundo diferente.

Necesitamos personas con talento para diseñar ciudades mejores. Creer y apostar por el talento de tantos niños y jóvenes bejaranos y salmantinos es una combinación ganadora para todos. Investigar, experimentar, proyectar, concebir, planear, idear e imaginar son importantes verbos de acción que además son intrínsecos a la labor de los jóvenes con talento.

Su reflexión sobre nuestra ciudad y nuestra sociedad ofrecerá nuevos campos para actuar.

Su imaginación por el Béjar o el Salamanca del 2050 seguro aportará elementos positivos para las ciudades.

Su pensamiento e interacción con los elementos que les rodean serán las claves que seguro facilitarán nuevos modelos y pautas de convivencia y de urbanismo.

Dejemos desarrollar esos nuevos talentos bejaranos y que participen con nosotros en el diseño de la ciudad que queremos.

No permitamos (en la medida de lo posible) que haya más fugas de talentos sino que empoderemos nuestro talento para que se quede y eche raíces sólidas en Béjar y comarca. Colaboremos con ellos en todos lo que podamos.

Busquemos los medios y los recursos necesarios para ampliar y dimensionar ese talento beneficioso y que puede ser tan provechoso para todos nosotros.

Y no dejemos nunca de creer en las capacidades y talentos de cualquier persona, pues todas las sugerencias deben ser tenidas en cuenta y valoradas.

3.22. *Influencias y posibilidades del metaverso en el mundo laboral*

La nueva fuente de poder
no es el dinero en manos de unos pocos
sino la información en manos de muchos.
John Naisbitt

En este apartado queremos acercarnos a un concepto que seguro todos hemos escuchado nombrar ya alguna vez, y del cual quizá desconozcamos su origen, su definición y las amplias y diversas posibilidades que se abren en el ámbito del empleo. Nos referimos al metaverso.

¿Qué es el metaverso? Podríamos describir esta palabra como un entorno virtual en el que los humanos actuamos a través de nuestros avatares en ese universo digital, o dicho de otro modo más técnico, el metaverso es una plataforma digital que usa la realidad aumentada y el espacio virtual para crear un mundo paralelo y abierto en el que las experiencias que sentimos, que vivimos y que compartimos en nuestro mundo físico se replican en este sistema virtual a la perfección, de modo que podemos viajar, ir de compras, organizar reuniones o fiestas con nuestros amigos virtuales, trabajar, visitar museos, acudir a conciertos, construir edificios o cualquier otra actividad que se nos ocurra, puesto que el metaverso es una réplica virtual de nuestro mundo real, físico, tangible.

Quizá muchos de los lectores tengan presente el cambio que realizó la empresa Facebook para pasar a llamarse Meta. Ese cambio significó que la compañía de Zuckeberg estaba trabajando en su propio metaverso, aunque lo cierto es que desde hace bastante tiempo se vienen desarrollando varias iniciativas en este sentido. Por mencionar algunas de ellas recordamos por ejemplo el MOO, un sistema de realidad virtual en línea basado en texto que presentó la compañía Steve Jackson Games en 1993, las gafas de realidad virtual llamadas Oculus de Facebook de 2014, los Fornite, Minecraft o Roblox, videojuegos que permiten construirse mundos virtuales propios a medida o según las necesidades de cada uno, y otro tipo de iniciativas como Decentraland, Sensorium Galaxy o Rival Peak, todas ellas encaminadas al diseño y la reproducción de actividades que realizamos en el mundo real en entornos totalmente virtuales.

La palabra metaverso fue acuñada en 1992 por el escritor Neal Stephenson en su novela Snow Crash, la cual describe un espacio virtual colectivo compatible y convergente con la realidad. En ese metaverso encontramos un entorno de tipo urbano desarrollado a lo largo de una única carretera de cien metros de ancho (La Calle) que da la vuelta a la Tierra. Los usuarios acceden a ella a través de unas gafas y aparecen como avatares que pueden recorrer y desplazarse por todo el planeta andando o en vehículos, interactuando con todos los que se encuentran a su paso y realizando las mismas actividades como si estuvieran en su ciudad. Recomiendo la lectura atenta de esta novela porque nos aporta algunas claves que se han reproducido en las propuestas de metaverso actuales.

¿Cómo está influyendo o influirá el metaverso en el mercado laboral? Hay dos datos que me parecen ilustrativos y que nos ofrecen una información a considerar. El primero es una estimación obtenida de un informe de la empresa Analyst Group, una de las mayores consultorías económicas a nivel mundial, el cual estima que el metaverso contribuirá con casi el 3% del PIB mundial durante la próxima década (https://www.analysisgroup.

com/globalassets/insights/publishing/2022-the-potential-global-economic-impact-of-the-metaverse.pdf).

El otro dato indica que en menos de diez años esta tecnología derivada del metaverso será utilizada en veintitrés millones de puestos de trabajo en todo el mundo, adaptando o modificando algunas cuestiones y temas importantes que mencionaremos a continuación.

Ya hay algunas empresas como Nike, Gucci, Microsoft o la misma Facebook (Meta), que publican ofertas de empleo para el metaverso, lo que implica y supone un gran potencial a futuro de determinadas profesiones en el sector de las tecnologías sobre todo y de las ingenierías.

El metaverso es un elemento en auge y en desarrollo constantes, que está demandando y solicitando perfiles profesionales muy concretos. Se están invirtiendo miles de millones de dólares en el desarrollo y la dinamización de este concepto. También hay grandes inversiones en talento por parte de las grandes compañías porque se estima que el metaverso podría proporcionar ingresos anuales de hasta un billón de dólares entre anuncios, activos digitales y eventos que se puedan desarrollar en la plataforma. Algunos la consideran la próxima versión de Internet y están echando el resto en ello. Pero aún nos preguntamos ¿hacia dónde se dirigirán los caminos de este metaverso? ¿Qué posibilidades reales de éxito tendrá este mundo virtual? No tenemos la respuesta de momento porque sigue en continuo desarrollo. Lo que sí podemos decir es que, a día de hoy, es una de las más importantes apuestas de futuro de las grandes compañías tecnológicas, lo que está derivando en una mayor demanda de perfiles profesionales determinados, la creación de nuevos puestos de trabajo, la potenciación del trabajo descentralizado y en remoto, el desarrollo de nuevos modelos y técnicas para la selección de personal, la aparición de nuevas herramientas tecnológicas, la revisión y/o actualización de algunos derechos laborales, la implementación de nuevos modelos de gestión y de venta de productos digitales, el aumento en la preocupación por la seguridad y la privacidad de los usuarios y el nuevo y definitivo impulso que tendrá el *blockchain* para llegar a más lugares y a más espacios.

Son muchas las cuestiones y las preguntas aún sin respuesta sobre esta nueva realidad virtual. En lo que sí coinciden los expertos es que favorecerá la creación de nuevas empresas, nuevos empleos, nuevos perfiles y funciones, nuevas máquinas más avanzadas en inteligencia artificial y más cercanas a los humanos, el aumento del trabajo en equipo y la multidisciplinariedad, la posibilidad de realizar mayor número de tareas en menos tiempo, mayor innovación, un aprendizaje y adaptación al medio más acelerados, nuevos desafíos en materia de recursos humanos, de protección social y de todas aquellas cuestiones relativas a la adicción tecnológica o a cuestiones relacionadas con determinados comportamientos inaceptables como el acoso o el abuso en el mundo virtual. Y a este respecto debemos indicar que ya se han denunciado varios casos de acoso sexual en el metaverso, y más concretamente dentro de Horizon Worlds, el primer metaverso de realidad virtual creado por la empresa Meta.

Mundo real, mundo virtual, sueño, ficción o realidad, lo que parece claro (y esto no es ninguna novedad) es que la tecnología está influyendo con mayor rapidez y profundidad en nuestras vidas. Podemos ser o no partícipes de ellas, ser testigos o no del importante cambio que representan, pero no debemos dejarlas de lado porque en cierto modo en ellas parece que está escrita en buena parte la clave o la llave de nuestro futuro.

3.23. *Influencias y posibilidades del metaverso en el mundo laboral (II)*

Si alguna vez habías pensado si era posible superar el internet, la respuesta es que esta tecnología es su futuro.
Liliana Acosta

Seguimos hablando del metaverso y de sus implicaciones en el mundo laboral. Recordemos que el metaverso es un mundo virtual reflejo del mundo real en el que podemos interactuar con nuestros avatares como si estuviésemos haciendo lo mismo que haríamos en nuestra vida normal.

En esta propuesta queremos centrarnos en conocer cuáles son los perfiles profesionales que se van a demandar más durante los próximos años en el metaverso y qué conocimientos y/o habilidades deberán tener los trabajadores y trabajadoras del mismo.

El metaverso es un universo en expansión, dinámico, en cambio y transformación continuas, y en el que a día de hoy muchas empresas están descubriendo interesantes posibilidades de negocio bastante rentables, invirtiendo millones y millones de dólares en desarrollar y ofrecer productos y servicios que ya mismo necesitan de usuarios que participen en ellos, los compren o los lleven a cabo.

Entre los empleos que ya se demandan en el metaverso, bien porque son necesarios o porque tienen su importancia e influencia en muchos de sus rincones, están los siguientes: agricultores y recolectores que se encarguen por ejemplo de cosechar y recolectar alimentos, minerales y otro tipo de recursos. Estas profesiones se darán mayormente en juegos de tipo MMORPG o juegos de rol multijugador como pueden ser Final Fantasy, World of Worcraft o RuneScape entre otros. Según un estudio de la compañía DeepRadar, dado que algunos usuarios serán demasiado perezosos para hacerlo por su cuenta, el hecho de recolectar recursos y después venderlos será uno de los trabajos más comunes dentro del metaverso.

Otro puesto que se demanda es el de criador y artesano. Se trata de usuarios que aprovecharán esos recursos de agricultores y recolectores para crear nuevos artículos como pociones, armas y otros objetos. También se demandarán vigilantes de salas o guías de eventos virtuales como los que se llevan a cabo dentro de plataformas como Sommium Space o Cryptovoxels. Esto podría parecer algo novedoso, pero lo cierto es que ya hay usuarios veteranos que están cobrando a los usuarios más novatos por instruirles y enseñarles algunas técnicas y recursos en el metaverso.

Y como muchos de estos juegos del metaverso están basados en mundos donde se pueden comprar o vender terrenos y/o propiedades harán falta rentistas que ayuden a los usuarios propietarios a alquilar o a arrendar sus terrenos a cambio de una tarifa o de un porcentaje sobre las ganancias, puesto que según el tipo de plataforma en el que se encuentren esos terrenos podrán ser usados para albergar eventos, construir hogares virtuales, construir galerías o nuevos juegos dentro del propio juego. Y seguramente los propietarios de esos terrenos virtuales necesitarán la ayuda, la orientación y el consejo de arquitectos y de constructores para edificar esos hogares virtuales o lo que los propietarios decidan. Una vez edificados esos espacios llamarán a decoradores e interioristas para poner esos espacios lo mejor posible y a su gusto. Esta será una de las profesiones más en alza que necesitará de los profesionales del diseño y la construcción.

Y hablando precisamente de diseños, se están demandando y se seguirán demandando diseñadores de avatares y diseñadores de moda. El hecho y la posibilidad de tener un avatar a nuestro gusto, a medida, totalmente personalizado con nuestro estilo, con nuestro propio toque personal será cada vez más importante dentro del metaverso. Las previsiones indican que esto está en auge, y quisiera comentar dos datos al respecto: el cantante Justin Bieber pagó la nada despreciable cantidad de un millón y medio de dólares por personalizar su propio avatar para uno de estos juegos y, por otro lado, Nike compró en diciembre del año pasado la empresa RTFKT que se dedica a diseñar y desarrollar ropa y complementos variados para el metaverso.

Parece cada vez más claro que todo lo que el metaverso nos proporcionará en el futuro generará miles de puestos de trabajo. Formar parte del metaverso nos puede augurar un futuro muy interesante y prometedor, en evolución y crecimiento constantes, aunque serán necesarios determinados conocimientos y habilidades en el manejo de programas como Frontend, Backend, Full-Stack, Javascript, Typescrypt, Node JS o Git, y conocer sistemas distribuidos y las integraciones API.

En cuanto a los diseñadores deberán conocer y manejar herramientas como Maya, 3D Max, Cinema 4D, Blender, Unity o Unreal.

La tecnología en el metaverso forma parte de la esencia de su propia alma y su razón de ser, por lo que trabajar dentro del metaverso conllevará conocer y trabajar con la tecnología más avanzada y profesional. Se ofrecen muchas y variadas posibilidades a las que debemos estar atentos porque lo que gira alrededor del metaverso siempre puede ser una opción laboral del todo interesante.

3.24. Tipología y perfiles de los compañeros de trabajo: algunos ejemplos

Cuando las arañas tejen juntas pueden atar a un león
Proverbio etíope

Hay cosas que no podemos elegir de manera predeterminada en la vida, porque, por ejemplo, en un supermercado podemos elegir en qué fila ponernos, podemos elegir si llevar un modelo de ropa u otro, podemos elegir qué corte de pelo tener o si comenzar a leer un libro o dejar de leerlo, pero en cuanto a los compañeros de trabajo es algo totalmente diferente, ya que no los elegimos nosotros porque ya están o suelen estar en él cuando llegamos.

Los compañeros de trabajo son importantes, y tener buenos o malos compañeros va a afectar siempre a todo el ecosistema laboral, no solo ya a nivel de desarrollo y de productividad, sino para crear, desarrollar y fomentar buenos ambientes laborales que no acaben derivando en enfermedades o síndromes laborales. Existen compañeros mejores y otros menos mejores, por decirlo así, cada uno es diferente, tiene su propia idiosincrasia, su forma particular de ver y de entender la vida y el trabajo, muchas veces chocamos con ellos (lo queramos o no), por lo que es importante y a la vez necesario conocer qué tipos de compañeros nos podemos encontrar, qué características tienen y así encontrar la mejor manera para relacionarnos con ellos, tanto por nuestro bien como para el de la empresa en general.

Entre los perfiles de compañeros más habituales están el del *pelota*, aquel que intenta ganarse a los jefes mediante halagos, palabras bonitas o acciones meritorias con el fin de lograr sus objetivos. Suelen usar la manipulación o el engaño para intentar convencer a sus superiores. En algunas ocasiones pueden convertirse en chivatos de otros compañeros diciendo lo que hacen mal a los superiores.

Existe el *llorón*, aquel que tiende a exagerar sobremanera sus vivencias personales y profesionales, se hace o intenta hacerse la víctima para evitar males mayores, para ganarse el favor o la confianza de un tercero o para enfrentar a otros compañeros siempre y cuando pueda sacar algún beneficio o compensación de esa confrontación.

Encontraremos también al *vago*, que son aquellos trabajadores que aplican sin miedo ni pudor las leyes del mínimo esfuerzo, haciendo lo menor posible, desmotivando o desalentando al resto de compañeros. Suelen ser trabajadores descontentos o desencantados con las tareas que deben realizar en sus puestos de trabajo, dedicando buena parte de su tiempo a mirar o a interactuar en sus redes sociales, hacer compras por Internet, jugar a las frutitas, hacer sudokus o hablar horas y horas por teléfono con personas que no son clientes precisamente.

Relacionado con el vago está el *procrastinador*, el cual no tiene nada que ver con el personaje que hace de payaso en la serie de *Los Simpson*, no, sino que es vago pero solamente hasta que está a punto de terminar la jornada laboral, el momento en el que parece que siente un irrefrenable impulso de hacer cosas. Son personas que hacen su trabajo, sí, cómo no, pero siempre esperan a última hora. Les falta organización y planificación, pues suelen posponer y aplazar las tareas importantes porque como son conscientes y saben de sobra que siempre esas tareas se pueden hacer, suelen dedicar buena parte de su tiempo de trabajo a otro tipo de cuestiones más afines con sus motivaciones, con sus intereses o con lo que les atrae más. Podemos decir que es un vago de tiempo de descuento aplicando un símil futbolístico, pues hacen todo deprisa y corriendo en el último momento, y de ahí que haya veces que así les va.

También podemos encontrar al *sabelotodo*, alguien que cree que lo conoce absolutamente todo (y si no se lo inventa). Suelen asociarse con personas engreídas, soberbias y arrogantes. No suelen encajar bien las críticas pues se piensan que todo lo que hacen o lo que dicen es correcto y no admite ninguna discusión ni réplica, esté o no esté bien. No suelen tener muy en cuenta ni considerar las aportaciones o los comentarios y sugerencias de los demás en los trabajos de grupo y sus opiniones suelen ser más imposiciones que otra cosa. Crean malos ambientes de trabajo, malos rollos, porque deben llevar siempre la razón por encima de todo y de todos. Es uno de los perfiles más tóxicos, que suele perjudicar y enrarecer mucho a los grupos y equipos de trabajo, pues en lugar de sumar o de enriquecerlos lo que hacen es cuestionarlos o los destruyen cuando sus ideas no se aceptan.

En el extremo opuesto al sabelotodo está el *diplomático*, quien sí que suele favorecer y enriquecer los ambientes y los grupos de trabajo. Se identifica con personas tranquilas, apacibles y de nervios templados que actúan a menudo como mediadores en los conflictos y en las disputas que puedan surgir. Su intención es evitar los problemas y los malos entendidos entre compañeros, evitando que los roces y los encontronazos que puedan surgir afecten al resto de empleados. Son personas que destacan por su empatía, su saber estar, su capacidad de escucha y de complicidad con el resto. Quizá tengan la función o misión más complicada de todas, pero lo hacen porque son así sin esperar nada a cambio como el pelota. Su carácter, su forma de pensar y de ver las cosas es esa, y de alguna manera la traslada a todos los entornos y los espacios donde se desenvuelve. ¿Quién no necesita un diplomático en su trabajo y a veces también en su vida?

El *protagonista* es aquella persona o trabajador que es competitivo en exceso, que siempre quiere destacar y sobresalir por encima de los demás, que carece de escrúpulos (o se muestran y comportan así) y no suelen empatizar ni llevarse muy bien con el resto de compañeros. Su ascenso o promoción dentro de la empresa es lo más importante para ella o él, prefiriendo quedar siempre mejor ante un jefe o un superior antes que con sus compañeros. Un ejemplo de ello es cuando dice cosas como «He conseguido», «Gracias a mí hemos logrado», etcétera.

Y el *chismoso* es el típico compañero al que le gustan demasiado los cotilleos, criticar a los demás, enterarse de cosas de otros compañeros y difundir chismes y rumores (ya sean verdaderos o no) relacionados con el trabajo: «Me he enterado de esto» o «¿Sabes que Pepito no ha venido hoy porque...?». No suelen respetar para nada la privacidad ni la intimidad de los demás, pues cualquier comentario o confesión del tipo que sea que le podamos hacer en total confianza puede expandirlo como si de un

Big Bang se tratase y en muy poco tiempo estar en boca de toda la empresa sin poder hacer nada para pararlo. Suelen ser personas que destacan por un interés exacerbado por lo que quieren saber. Nos pueden freír a preguntas de todo tipo y condición hasta logar sonsacarnos la información que necesitan. Estemos atentos a este tipo de compañero porque nos puede complicar mucho la vida.

Son muy diferentes y variados los tipos de compañeros que podemos encontrar en los distintos trabajos con los que debemos pasar y relacionarnos buena parte de cada uno de nuestros días. Hagamos todo lo posible por llevarnos bien.

3.25. Representación de trabajadores y empleos en el cómic

Los cómic son capaces de ser cualquier cosa
que la mente pueda imaginarse.
Bill Watterson

El 17 de marzo se celebra en España el Día del cómic y del tebeo, una iniciativa que se aprobó en Consejo de Ministros el 11 de julio de 2022 a propuesta del Ministerio de Cultura y Deporte, quien a su vez recogía la solicitud de la Asociación Sectorial del Cómic en la Proposición no de Ley de Reconocimiento y Dignificación del Sector del Cómic en España, adoptada por unanimidad el 19 de octubre de 2021. Esta fecha coincide en el tiempo con la primera publicación de la mítica revista de historietas TBO en 1917 que dio nombre al fenómeno de lectura de viñetas que se ha mantenido a lo largo del tiempo. Este va a ser un viaje nostálgico por el mundo del tebeo y por algunos de sus personajes.

Comenzamos con *Chica, Tato y Clodoveo*, desempleados sin oficio ni beneficio que reflejan la precariedad laboral de una época en concreto pero también la del mismísimo Francisco Ibáñez a principios de los años ochenta del siglo pasado. Tres personajes curiosos donde los haya que hacen cola en la oficina de empleo logrando diversos trabajos que nunca logran mantener a causa de su incompetencia.

De trabajos se habla también en el cómic *Aprendices al tun tun*, una historieta de los gemelos Zipi y Zape, creada por Escobar en 1972 y que originalmente se publicó por entregas en la revista *Mortadelo*, haciendo recopilatorios tiempo después, como el número 42 de la colección *Olé*. ¿Cuántas veces oímos de pequeños aquello de que si no quieres estudiar te vas a poner a trabajar? Pues eso es lo que les pasó a los traviesos hermanos, que ante las malas notas obtenidas son enviados por su padre a ser aprendices en diversos oficios como barberos, camareros, albañiles, carpinteros, jardineros, vendedores, pintores, electricistas, fotógrafos o fontaneros, un variado abanico de oficios y profesiones de los que nunca salen bien parados, pues hacen trampas, no ejecutan de la manera adecuada las tareas que se les encomiendan, provocan severos desperfectos o inundan la escuela entre otras cosas.

¿Y quién no se acuerda de *Pepe Gotera y Otilio, chapuzas a domicilio?* Otros personajes del ámbito laboral que seguro muchos recordamos. La primera historieta suya apareció en abril de 1966 en el número 269 de la revista *Tío Vivo*. Los dos forman una particular empresa de reparaciones y de chapuzas sin parangón

con ninguna otra. Pepe Gotera es el jefe, el capataz, el que manda sin mancharse mucho, y Otilio es el currante, el que se toma unos desayunos de aupa, siempre con su gorra y su mono azul de trabajo, realizando recalcitrantes y rústicos métodos para llevar a cabo la obra o los encargos. Cuenta además con una fuerza sobrenatural que no consigue otra cosa que los desastres sean mayores: derrumbes, inundaciones, explosiones y roturas de todo tipo.

Y cómo no mencionar a *Mortadelo y Filemón*, los flamantes agentes de la T.I.A. que son uno de los iconos más inmortales del cómic español. Y junto con ellos al resto de sus compañeros de oficina como el superintendente Vicente, el profesor Bacterio (aquel científico loco que más bien en lugar de facilitar las cosas las empeoraba con sus inventos), Ofelia la secretaria y otros va-

rios. Creo que quien más quien menos conoce o ha oído hablar de esta pareja universal de espías que está dentro del ADN de mi propia infancia y de mi juventud.

Un personaje también inolvidable es el botones Sacarino, que fue creado por el gran Ibáñez en mayo de 1963 para la revista *DDT*. Es un chico bastante ingenuo, algo torpón, que trabaja como botones de un periódico llamado *El aullido vespertino*. Entre sus tareas están las de limpiar y ordenar los despachos, llenar la tinta de los tinteros y hacer todo tipo de recados y de encargos, aunque siempre intenta escaquearse como puede para dormir o para jugar. Es precisamente a causa de estos juegos la razón por la que provoca líos, confusiones y todo tipo de follones en las oficinas. Está el director que intenta pillar *in fraganti* a Sacarino, aunque lo único que consigue es que el presidente piense que él es el culpable de todo.

Tenemos también a algunos de los curiosos habitantes del bloque de tebeo más famoso: *13, Rue del Percebe*, como por ejemplo a Don Senén, el desconfiado tendero del colmado de la planta baja, el cual siempre intenta engañar a las clientas con el peso de los productos que vende o con la dudosa frescura de su mercancía, lo que nos evoca a otros personajes de su gremio como Margarito Celerín, un vendedor muy pillín, el dependiente Vicente o el tendero Sisebuto y su aprendiz que es un bruto. En el bloque también están la portera cotilla, que se queja del mal funcionamiento del ascensor, el veterinario del primero izquierda que la verdad no es que sea demasiado competente o el científico loco del segundo derecha que fue sustituido después por un sastre con demasiada caradura y más que cuestionable profesionalidad, personajes todos sin duda muy curiosos como todos los que conviven en este edificio tan singular.

Recordamos a *La familia Trapisonda*, una familia que es la monda, nacida en julio de 1958, y en cuyos primeros números aparece como profesión del patriarca Pancracio la de bombero en lugar de oficinista como es más conocido, y en la que aparece una empleada del hogar llamada Robustiana. Pancracio es un gris oficinista calvo y con bigote que suele salir bastante mal parado a causa de su envidia y de su prepotencia. Su mujer, llamada Leonor, tiene de profesión sus labores, y está el director de la empresa en la que trabaja Pancracio que suele visitar a la familia de vez en cuando prometiéndoles un aumento de sueldo que nunca llega ni se le espera.

Otro oficinista recordado es Don Pío, también calvo, bajito y con bigote, como Pancracio, que cobra un sueldo que nunca es lo suficientemente bueno para su esposa Doña Benita. Apocado y dominado por ella, Don Pío no es capaz de lograr nunca lo que se propone. En la historieta también aparece su jefe, de nombre desconocido y sus compañeros tiralevitas de la oficina. El pobre Don Pío se esfuerza mucho en pedir continuos aumentos de sueldo debido a la presión de su mujer pero le son sistemáticamente negados. En esta historieta se tratan temas como el problema del inconformismo laboral, la necesidad de ascenso en el trabajo y el comportamiento de los compañeros.

Y otro empleado de comic es el repórter Tribulete, que en todas partes se mete, un personaje creado por Cifré cuya primera aparición se da en la revista *Pulgarcito* en 1947. Presta sus servicios en *El chafardero indomable*, el cual compite con otro periódico llamado *El chismoso insumergible.* Algunos especialistas han señalado que esta competencia se puede interpretar como un reflejo de lo que supone hoy la prensa española de más éxito, ya que ambos rotativos se dedican a los escándalos, a los chismes, al sensacionalismo y la prensa rosa, con su pugna continua de vender más y tener más clientes.

Tribulete es un desgraciado periodista con un sueldo precario al que desalojan de un piso de la calle Pez y que tiene problemas para pagar la pensión. No está bien económicamente, y por eso debe hacer horas extraordinarias trabajando como fotógrafo ambulante (en la economía sumergida). Lo que muchos también

destacan de esta historieta es la dura relación que Tribulete mantiene con su jefe, del cual suele recibir broncas monumentales debido a sus meteduras de pata o agresiones física incluso, pero al pobre reportero no le queda más remedio que tragar y aguantar como sea porque necesita el dinero.

Variedad de personajes, de situaciones, de escenarios y de reglas laborales que de alguna manera han quedado reflejadas en las viñetas y en los personajes que hemos recordado en este apartado.

3.26. *Chicha, Tato y Clodoveo, desempleados de tebeo*

La vida sin humor no sería vida,
sería un vía crucis tremendo y espantoso
imposible de llevar.
Francisco Ibáñez

En este apartado vamos a comentar un aspecto que quizá está poco tratado e investigado, y es la representación del mundo laboral en distintas artes, y más concretamente en el cómic. El maestro Francisco Ibáñez nos dejó tres personajes para el recuerdo que son Chicha, Tato y Clodoveo, quienes reflejan como solo Ibáñez sabe hacerlo, la situación laboral y social en la España de los años ochenta. Como refleja el investigador Carlos de Gregorio «La creación de Ibáñez debe encuadrarse en un contexto muy concreto: estamos en tiempos de una crisis económica que había arrancado en las postrimerías del franquismo y que llegaría a su auge unos años después con unos niveles de paro que nunca se habían conocido en nuestro país. Los personajes eran un reflejo de algo que estaba en la mente de todos».

Al igual que en los tebeos infantiles de la posguerra apareció un personaje que se moría de hambre llamado Carpanta, en la España de los años ochenta, que estaba sufriendo las consecuencias de la crisis industrial y la reconversión, surgieron tres personajes que tenían como común denominador su juventud y que estaban en paro. Ibáñez puso así el acento sobre un problema que estaba muy presente en la sociedad, planteando incluso que aumentaría el desempleo debido a los procesos de automatización industrial.

Chicha, Tato y Clodoveo reflejan el paro de la época mediante ese humor tan característico del maestro Ibáñez. En los álbumes publicados aparece incluso el expresidente Felipe González con su histórica promesa de crear ochocientos mil puestos de trabajo o se puede ver a otros personajes como Mortadelo y Filemón limpiando los cristales de los coches en un semáforo, a Rompetechos o a Pepe Gotera y a Otilio en la cola del paro en clara alusión a una pérdida de derechos que vivió en primera persona el dibujante. Corría el año 1986 y el gigante editorial Bruguera llegaba a su triste final. Ibáñez no estaba cobrando demasiado bien que digamos y abandona la editorial para buscarse las habichuelas en otro lugar. Tenía que crear nuevos personajes, pues los derechos de publicación de todos los que había creado hasta ese momento los tenía Bruguera. Esa nueva oportunidad le llegó de la mano de la revista *Guai!*, publicada por Grijalbo, que decidió lanzarse al mercado tras la crisis de Bruguera. Grijalbo era la editorial que tenía los derechos de publicación de varias series francobelgas como *Astérix*, *Lucky Luke*, *el Teniente Blueberry* o *Spirou*, entre otras.

Junto con Ibáñez llegan a la editorial otros autores como Raf (creador de *Sir Tim O'Theo*), Segura (creador entre otros de *Rigoberto Picaporte, solterón de mucha porte*), Martz-Schmidt (creador de personajes como *El doctor Cataplasma*, *El profesor Tragacanto* o *Deliranta Rococó*) e incluso el mismísimo Escobar (padre de *Zipi y Zape* y de *Carpanta*), quien con más de ochenta años se atrevió y animó a crear una versión de los gemelos llamada *Terre y Moto*.

En este contexto es donde aparecen las historietas de *Chicha, Tato y Clodoveo, de profesión sin empleo*, y *7 Rebolling Street* (una actualización de *13 Rue del Percebe*), incluidas dentro de la revista *Guai!* como entregas independientes de cuatro a ocho páginas por número.

En el año 1987 Ibáñez retoma a sus famosos agentes Mortadelo y Filemón, no pudiendo mantener el ritmo de producción que le exigen las dos series, iniciando el declive de Chicha, Tato y Clodoveo, quienes se dejan en manos de un equipo de «negros» a partir de la octava aventura, titulada *Viajar es un placer*, donde ya ni siquiera aparece la firma de Ibáñez, aunque los sigue dibujando pero únicamente para las portadas de la revista.

En enero de 1990, tras ciento setenta y cinco números publicados, la revista *Guai!* desaparece del mercado, y con ella también los tres desempleados, aunque hacen un cameo en la historieta *El 35 aniversario* de Mortadelo y Filemón en 1993, y Chicha aparece como amiga de uno de los ligues de Mortadelo en *Su vida privada* de 1998.

De las dieciocho aventuras de esta serie solamente once se han recopilado en nuestro país en forma de álbum dentro de la colección *Tope Guai!*, pero hay que destacar que en Alemania, país donde Ibáñez tiene un éxito descomunal, sí se han publicado todas las historias de estos personajes desempleados en álbumes independientes.

¿Y quiénes son estos personajes? Chicha es una chica muy marchosa, *rockera*, de estilo *punk* como marcaban los cánones de la época en cuanto a tribus urbanas. Siempre está chistando los dedos y gritando «¡Mucho, Marcha, Ritmo!», aunque desciende de una familia aristocrática; Tato es un chico de baja estatura, cegato, acomplejado y torpe por definición debido a los propios impedimentos que se marca. Se parece bastante a Rompetechos. Tiene experiencia como picapedrero y como boxeador. Tato es una dura parodia de la exclusión laboral y social que se puede sufrir

con una minusvalía; Clodoveo es el nuevo Mortadelo, el chico de las mil caras, de acción fácil y nula reflexión. Trabajó en un circo como equilibrista. Es vago como él solo. En lugar de buscar trabajo o de iniciar la jornada laboral, comienza el día tomándose una caña, fiada por supuesto, porque anda con el dinero justo siempre, y está también Joro, el dueño del bar del mismo nombre en el que los tres amigos se reúnen cuando no hacen cola en el paro.

Chicha, Tato y Clodoveo deciden unir fuerzas para conseguir diversos trabajos (o montar sus propios negocios), los cuales siempre acaban en desastre debido a sus incompetencias. Les acompaña un gato llamado Salmoneto. En su primera historieta hacen un repaso a las relaciones laborales desde la Prehistoria, aludiendo a que no había paro en Egipto con esclavos construyendo las pirámides, y tirando de ironía afirmando que en sitios como las galeras se podía hacer deporte además de trabajar, o que los mineros de la revolución industrial eran afortunados porque trabajaban bajo tierra protegidos de las inclemencias del tiempo. Hace también un juego de palabras con la conversión forzosa de judíos y musulmanes de la Edad Media y con la reconversión de los años ochenta, que refleja cómo la compra de maquinaria moderna provoca la marcha forzosa muchos trabajadores de las fábricas. Recordemos que en aquellos años, por ejemplo, se difundían noticias como la del sabotaje de los robots en la planta de producción de Ford en Almussafes.

En *El negociete* se dedican a emprender montando televisiones privadas, pescando atunes o buscando tesoros con un capital inicial de un duro, un peine y una araña. Al final deciden montar su propio negocio de chapuzas de todo tipo, con sede en la misma calle y junto a un teléfono público en el que van recibiendo los encargos.

Los álbumes publicados fueron los siguientes: *Una vida perruna; Pero... ¿quiénes son esos tipos?; El negociete; El cacharro fantástico; ¡A por la Olimpiada 92!; El Arca de Noé II; Gran Hotel; Viajar es un placer; ¡Mogollón en la granja!; Los sanitarios; A Seúl en un baúl; ¡Qué trabajo nos manda el Señor!; Los canguros; La obra; ¡La función va a empezar!; El Tato se lía a inventar; Los entretenedores; La cosa va de bichos.*

Personajes del maestro Ibáñez que, como tantos otros de los que creó, son inolvidables y nos traen siempre buenos y gratos recuerdos.

3.27. Síndromes laborales más comunes

Nuestra ansiedad no viene de pensar en el futuro sino de querer controlarlo.
Khalil Gibran

Son muy variados los síndromes catalogados que afectan e influyen tanto en la actividad como en el desempeño de los trabajadores que los sufren. Ya sea debido al estrés, a la sensación de inseguridad laboral o a la falta de comunicación y/o empatía entre los equipos de trabajo, los síndromes que vamos a mencionar a continuación afectan mucho a los empleados.

Durante la pandemia, debido a la inesperada e imprevisible situación provocada por la emergencia sanitaria, el estado emocional y la fatiga laboral de muchos trabajadores se vio muy resentida y dañada. Según el Colegio Oficial de Psicología de Madrid las consultan aumentaron en más del 20%. Un estudio de la empresa Sodexo titulado *Retos de las empresas españolas en la era COVID-19*, indicaba que seis de cada diez empresas consideraba que la conciliación y el bienestar físico y emocional de los empleados eran los retos más importantes sobre los que debían trabajar, mientras que tres de cada diez destacaba que paliar o mitigar de alguna manera el estrés producido por la hiperconectividad, acentuado por la implantación del teletrabajo, era otro de los grandes retos que debían afrontar en el presente.

Se puede definir un síndrome como un conjunto de síntomas característicos de una enfermedad. Así, cuando nos referimos a los síndromes laborales o empresariales hacemos referencia a aquellas disfunciones que amenazan el buen desarrollo de los negocios o de las personas que están implicadas en ellos.

Seguro que muchos hemos escuchado de otras personas (o incluso nosotros hemos pronunciado alguna vez) eso de «¡Estoy quemado!», «¡No puedo más en el trabajo!» o «¡No soporto a mi jefe!». Todas estas expresiones reflejan fatiga laboral y afectan sin duda a la motivación y a la implicación personal y grupal tanto con el trabajo como con la empresa.

Uno de los síndromes laborales más conocidos y que se da con mucha frecuencia es el síndrome de burnout o síndrome del trabajador quemado, el cual fue reconocido como enfermedad en el año 2019 y que se define como el resultado de un estrés crónico del trabajo que no ha sido gestionado con éxito. Se manifiesta a través de un estado de agotamiento físico, mental y emocional que deriva en episodios de ansiedad, irritabilidad, pérdida de atención o falta de motivación. Aquellos que han elegido su profesión por vocación (maestros, médicos, enfermeras), y los que trabajan de cara al público, suelen ser quienes más lo padecen. Sus causas pueden ser muy variadas: acoso laboral, exceso de presión y de responsabilidad, mal ambiente laboral, falta de expectativas, trato degradante de la clientela, malas herramientas o insuficiente formación para desarrollar las funciones del puesto de trabajo... Para evitar el burnout y sus efectos negativos en la productividad se sugiere, entre otras cosas, el reconocimiento de los logros por parte de los mandos superiores para potenciar la motivación y el compromiso de los empleados con la empresa.

El síndrome del trabajador burbuja es de definición muy reciente y hace referencia a empleados que tienen una sensación permanente de que no desconectan del todo de su trabajo. Un estudio de la empresa Fiverr afirmaba que cuatro de cada diez trabajadores reconocía tener problemas para separar su vida personal de la profesional debido al tecnoestrés, esa incapacidad para enfrentarse a las nuevas tecnologías de un modo saludable y que dificulta la conciliación.

El primer síntoma que suele aparecer es la ansiedad, la cual deriva en episodios de irritabilidad, dolor de cabeza, pesadillas o resistencia para aprender a manejar las nuevas tecnologías con un rechazo frontal y total hacia las mismas. La Ley 3/2018, de 5 de diciembre, de Protección de Datos Personales y Garantía de los Derechos Digitales, busca la protección de la persona trabajadora ante las posibles intrusiones de la empresa fuera de las horas de trabajo, lo que se conoce como derecho a la desconexión digital en el ámbito laboral.

El síndrome del impostor consiste en la incapacidad que tienen algunas personas para asumir y atribuirse los éxitos y logros obtenidos en lo profesional, que piensan no son el resultado de un buen hacer del propio empleado sino que son producto de la suerte, de la coincidencia o de la ayuda que puedan haber proporcionado otras personas. Esta percepción provoca en el empleado un miedo constante a que sea descubierto por un engaño basado en el sentimiento de que no merecen el cargo o el puesto que desempeñan. Se calcula que aproximadamente el 70% de los trabajadores han sentido de este modo al menos una vez y en algún momento de su vida.

Quienes padecen este síndrome del impostor muestran dificultad para aceptar elogios, se sienten fracasados por no haber alcanzado los objetivos que se han autoimpuesto y están en constante comparación con el resto de sus compañeros de trabajo, generando insatisfacción con la labor desarrollada en la organización (pudiendo provocar el burnout), por lo que se requiere de buenas, sólidas y muy saludables redes de apoyo social con los afectados. Los expertos recomiendan fomentar la seguridad y la autoconfianza de todos aquellos empleados que se creen impostores, implantando en las empresas sistemas de liderazgo positivo o que los trabajadores tengan a su disposición asistencia psicológica en cualquier momento.

El estrés laboral no es nada deseable ni para nosotros ni para quienes están a nuestro alrededor porque al final todos podemos estar afectados de alguna forma. Debemos cuidar ante todo y sobre todo la salud.

3.28. Más síndromes y enfermedades laborales para nuestra consideración

La mayoría de las cosas
por las que usualmente nos estresamos
no valen la pena.
Richard Branson

Continuamos mencionado otros síndromes laborales que pueden afectarnos, como el síndrome de Procusto (el que fuera bandido y posadero maldito de la mitología griega). Es el jefe o superior quien se esfuerza en echar por tierra el trabajo de sus empleados más capacitados, más notables, ya sea por envidia, porque amenazan su cargo, por la propia personalidad del jefe... Las consecuencias son empeoramiento del ambiente laboral y desviación de los objetivos marcados por la empresa. El jefe malgasta su tiempo en pisotear y destruir las capacidades de sus mejores empleados (lo que puede provocar fuga de talentos) y son los empleados quienes deben esquivar y campear como pueden las malas artes (la mala leche) de su jefe.

Los Procustos son difíciles de identificar porque suelen ocultar sus verdaderas intenciones. Pueden encontrarse en cualquier nivel o departamento de la empresa, por lo que se recomienda establecer buenos incentivos para que se puedan aplacar y minimizar los efectos que provocan. Al estar bien trabajaremos siempre mejor. Si tenemos la suficiente motivación nuestro compromiso y dedicación hacia la empresa será mayor y más fiel, sin interferencias ni problemas de ningún tipo.

Otro síndrome que se suele presentar es el llamado síndrome del superhéroe, enfocado principalmente hacia aquellos emprendedores o personas con cierta responsabilidad que no quieren o no saben delegar. No pueden llegar a todo, pero quieren a la vez tenerlo todo bajo control. No son auténticos superhéroes porque provocan un efecto de desconfianza o de pérdida de cohesión y conexión dentro de los equipos de trabajo. También pueden provocar que empresas o colaboradores externos no aporten los conocimientos o la experiencia necesaria y especializada que necesita la empresa, el departamento o el proyecto que se esté llevando a cabo.

En cuanto a los emprendedores se recomienda que aprendan a delegar tareas concretas y más específicas a algunos de sus colaboradores de mayor confianza, además de que deben depurar al máximo los procesos de la empresa para generar un mejor aprovechamiento de la inteligencia colectiva, la cual siempre sumará mucho más que restará a la empresa.

Existe el síndrome de Hamlet, que aparece cuando los directivos de la empresa viven en un estado de duda permanente que limita su capacidad de acción y de decisión. Son muy capaces de controlar y de explicar por qué algo puede estar fallando, pero suelen fracasar cuando deben tomar decisiones urgentes o trascendentales. Pierden esa visión que indica que solamente no es importante tomar la mejor decisión sino que es también hacerlo en el momento más adecuado. Es muy habitual que, para aprovechar y demostrar su valía, los directivos acaben fuera de la línea jerárquica de mando sin tomar decisiones o dar órdenes, formando parte de departamentos como los de asesoramiento o análisis entre otros.

Puede aparecer el síndrome de Estocolmo, el cual se refiere a la situación en la que un trabajador está en un empleo que lo perjudica, pero al que se siente muy vinculado emocionalmente, buscando mil y una excusas para no abandonarlo, incluso a veces sufriendo casos de explotación o de acoso laboral. Se recomienda que la persona afectada abra un proceso de reflexión y de toma de conciencia de los costes que implica la permanencia en ese trabajo que no le llena ni satisface del todo, que no le gusta ni le motiva lo suficiente, pero que, por otra parte, no puede dejar por ese apego emocional tan profundo que tiene hacia él. A veces una retirada a tiempo suele ser la mejor de las decisiones y soluciones.

El síndrome de Munchausen es otro de los síndromes laborales más comunes. Se trata de un trastorno psicológico en el que se provocan conflictos para que el trabajador los pueda resolver por sí mismo, buscando el reconocimiento profesional y mejorar su reputación. Aparece principalmente en personas supervisoras inexpertas, con poca formación y que se sienten amenazadas y con miedo a perder su puesto de trabajo por una persona mucho más capacitada. Usan esa posición que tienen para provocar problemas (que solo ellas saben o pueden solucionar) para que sean imprescindibles dentro de la empresa.

Acabamos este apartado mencionando tres sugerencias para ser más productivos y apreciar mejor los ambientes laborales en los que nos desenvolvemos:

- Cuidar siempre y por encima de todo nuestra salud. No podemos poner a nuestra salud en último lugar. Debemos preservar y atender bien a nuestro cuerpo y llevar a cabo actividades que beneficien nuestra salud: descansar adecuadamente, hacer ejercicio diario y tener una buena alimentación, además de contactar y relacionarnos con aquellas personas que nos hacen sentir bien y llevar a cabo las actividades y aficiones que nos apasionen de verdad.

- *Renovar objetivos.* En muchas ocasiones la propia vida nos impulsa a cambiar y establecer nuevos objetivos sin que nos demos cuenta de ello, mientras que otras nos aleja de ellos siendo difícil alcanzarlos. Reflexionemos si nuestros objetivos actuales son los mismos que teníamos cuando ingresamos en la empresa y si nuestro actual empleo nos está encaminando hacia el cumplimiento de esos objetivos. Quizá debamos reencontrar la inspiración de nuevo e iniciar nuevos proyectos o establecer pequeñas metas y propósitos para alcanzarlos en el menor tiempo posible aumentando así nuestra motivación e implicación con los aspectos profesionales.

- *Aprender a decir no.* Cada actividad y reto profesional que aceptamos realizar es otra nueva tarea que añadir a nuestra lista de compromisos. Cuando no podamos embarcarnos en la realización de esas tareas es mejor empezar a decir no. Si por el contrario nuestra jornada laboral y nuestra vida personal nos permiten compaginarlo y desarrollar otras actividades, podemos aceptarlas siempre y cuando no pongamos en un segundo o tercer plano aquello que debe ser lo más importante.

Cualquier trabajo es exigente y hay que dedicarle tiempo, esfuerzo y dedicación. Cuando surgen los problemas e inconvenientes pueden aparecer algunos de los síndromes que hemos indicado u otros diferentes. Aprendamos a disfrutar lo que podamos o nos dejen de nuestros trabajos y de nuestros compañeros, y cuando no estemos a gusto o nos entre la desmotivación y la duda, planteemos nuevos horizontes en la medida de las posibilidades y circunstancias que cada uno tenga.

3.29. *Ergofobia y sisifemia en el trabajo*

A principios de octubre de 2023 leía en un medio digital la siguiente noticia: «La ergofobia y la sisifemia se disparan en Salamanca. Las bajas laborales por ansiedad y depresión se han disparado desde 2016». En el cuerpo de la noticia se indicaba que desde enero hasta julio de 2023 el Instituto Nacional de la Seguridad Social había tramitado cerca de 338.000 bajas de trabajadores por motivos de salud mental, representando casi el doble que en el año 2016, cifras desde luego a tener en cuenta y considerar.

En apartados anteriores hemos hablado de síndromes laborales, y ahora queremos centrarnos en dos enfermedades que siguen afectando a muchos trabajadores. La ergofobia es un trastorno que produce un temor intenso y persistente hacia el trabajo. Quienes padecen esta enfermedad experimentan episodios de ansiedad en su trabajo al pensar en las responsabilidades que tienen, lo que puede provocar frecuentes ausencias en el trabajo y disminución del rendimiento laboral. Seguramente hayamos escuchado alguna vez expresiones como «No estoy preparado para este trabajo», «No voy a saber hablar en público», «Mis compañeros son mucho mejores que yo». Todos estos son pensamientos que pueden derivar en preocupaciones excesivas, dificultad para concentrarse, irritabilidad, fatiga, cambios y trastornos alimentarios, autoexigencia extrema, o incluso en algún caso, aislamiento social, depresión o ansiedad que derivan en bajas médicas, puesto que uno de los mayores impactos de la ergofobia se refleja en la autoestima y en la confianza hacia uno mismo. Este miedo o pavor constante hacia el trabajo y lo que representa y supone es el punto determinante para que nuestra autoestima y confianza vayan decayendo o desapareciendo hasta convertirse en un auténtico y grave problema de salud.

La ergofobia también se manifiesta en un temor para regresar al puesto de trabajo tras un periodo vacacional o de días libres, por ejemplo, pero no estamos hablando de la pereza o de la desgana que supone la vuelta al trabajo puesto que los ergófobos temen tanto el regreso al ambiente laboral que se autogeneran una indefensión y una impotencia que puede provocar hasta secuelas físicas desproporcionadas que se suelen acompañar con episodios depresivos. Pero ¿por qué se produce este miedo? Los expertos señalan como posibles causas el acoso laboral o climas laborales tóxicos, en los cuales el trabajador no se siente ni mucho menos cómodo ni confortable para poder desempeñar como debe sus tareas y funciones, aunque también se debe ser muy preciso y riguroso para abordar esta cuestión y estudiar y sopesar adecuadamente todas las variables que puedan influir en el trabajador para averiguar la causa exacta y concreta del problema y poder recomendar algún tipo de tratamiento.

La ergofobia es entonces un miedo desproporcionado, incontrolable o persistente al trabajo que se puede manifestar de una manera más visible en personas nerviosas o ansiosas cuya personalidad les hace enfrentarse a las situaciones que se presentan con temor o con estrés, y entre los síntomas que se identifican con ella están, por ejemplo, la inseguridad, la culpabilidad, la falta de atención y de concentración y otros comportamientos extraños. ¿Qué aconsejan los expertos para intentar minimizar sus efectos? Principalmente aprender a relajarse con deportes como el yoga, felicitarnos por cada uno de los éxitos y logros que alcancemos, mantener una actitud positiva en todo momento para encontrar ese punto de satisfacción y de felicidad en el trabajo. Debemos creer más en nosotros mismos, valorar mejor nuestros méritos, habilidades y capacidades para perder poco a poco ese miedo hacia el trabajo con todo lo que conlleva y representa.

En cuanto a la sisifemia es una enfermedad asociada principalmente a la obsesión, a la autoexigencia suprema o al perfeccionismo de querer hacerlo todo bien y perfecto en nuestros entornos y espacios laborales. Su nombre nos recuerda a Sísifo, quien fue condenado por los dioses a subir una roca a lo alto de una montaña y a repetir esa tarea una y otra vez. Es un trastorno de salud derivado del agotamiento psíquico y físico de un empleado que se ve forzado u obligado a cumplir objetivos aparentemente inalcanzables, ya sea por imposición de la propia empresa o por una autoexigencia. Son trabajadores con una excesiva y exagerada carga mental que se ven forzados a superarse sin descanso, retroalimentando continuamente esa obsesión de superación continua y duradera en el trabajo.

Este trastorno fue identificado en 2022 por el doctor José Manuel Vicente, director de una cátedra de Medicina en la Universidad Católica San Antonio de Murcia. Sus síntomas se relacionan con trastornos del sueño, cansancio diurno, ansiedad constante y dificultades para la concentración (síntomas todos comunes con la ergofobia), pero quienes sufren de sisifemia pueden recurrir por su cuenta al uso o abuso de sustancias estimulantes o de ansiolíticos para sentirse y mantenerse totalmente activos. Quienes padecen de sisifemia no pueden distanciarse de su trabajo ni durante el sueño, ni siquiera en sus días de descanso, pues su mente se ha ido configurando para que recuerde de manera automática y constante el trabajo que se le viene encima, lo que podía haber hecho mejor o con más cuidado y atención o si aquella respuesta que le dimos a nuestro jefe fue la más adecuada o quizá resultó excesiva. Un sisifémico no duerme bien, reduce y minimiza al máximo sus momentos de ocio y de esparcimiento y su círculo personal merma y disminuye hasta lo estrictamente laboral, por lo que nunca va a rendir y producir como le gustaría. Es precisamente esta autoexigencia, este alto nivel de responsabilidad y de perfeccionismo autoimpuesto, esa sensación permanente de que tenemos una única oportunidad para todo, lo que diferencia a este trastorno con otros como el burnout o los trastornos obsesivos compulsivos.

La sisifemia evidencia la relación totalmente insana y peligrosa que muchas personas mantienen con su trabajo, debido en parte a esa necesidad de valoración y reconocimiento externo que todos necesitamos en algún momento de nuestras vidas (esa palmadita en la espalda, esas palabras de afecto y de cercanía), pero también por el propio mercado laboral, el cual cada día es más competitivo y en el que se exige cada vez más. Quienes sufren sisifemia pueden experimentar y desarrollar episodios de ansiedad, depresión, trastornos del sueño, consumo de sustancias tóxicas, dependencia de los psicofármacos, astenia, arritmias, infartos, hipertensión, procesos vasculocerebrales, cefaleas, dolores de espalda, obesidad, diabetes o incluso pueden padecer enfermedades de la piel.

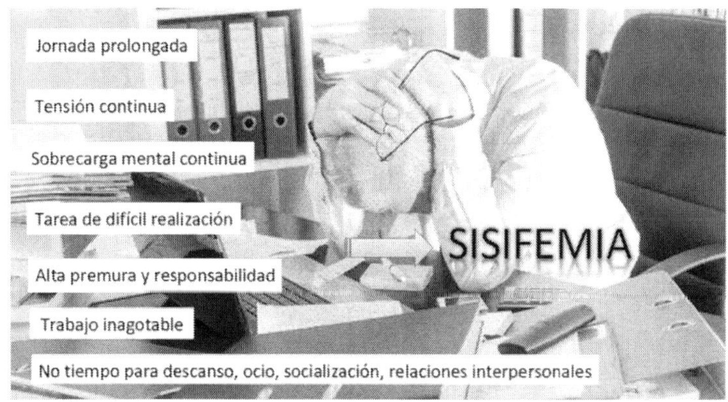

¿Y qué es lo que recomiendan los expertos para intentar paliar y tratar este trastorno? Aconsejan cambios en la distribución de las cargas de trabajo; adecuación de las plantillas de las empresas; flexibilidad horaria; conciliación efectiva; pautas correctas y apropiadas de descanso; compensaciones de algún tipo, ya sea horarias, vacacionales o remuneradas; fomento real del trabajo saludable como uno de los valores imprescindibles dentro de la empresa; reformas estructurales y normativas para controlar y adecuar las cargas de trabajo y las horas extraordinarias que no se pagan y vigilancia de la salud en aquellos colectivos y profesiones con mayor riesgo, identificando esos peligros, al personal más vulnerable que los pueda sufrir y facilitando terapias conductuales o bien derivación a profesionales más especializados para que puedan identificar y dar una solución al problema en cuestión. El problema no es tanto saber o identificar qué comportamiento o qué conducta frente al trabajo hay que cambiar, que por supuesto también se debe hacerlo, sino más bien saber cómo poder hacerlo y que sea un especialista en este campo quien nos ayude a ello.

3.30. Inteligencia artificial y empleo: algunas cuestiones

La única manera de asegurarse
de que no perderemos el trabajo
con la llegada de la inteligencia artificial
es hacer algo que ella no pueda hacer,
y lo único que la inteligencia artificial no puede hacer,
pero el ser humano sí puede, es ser originales.
Abhijit Naskar

En este apartado vamos a comentar algunas cuestiones que están relacionadas con la aplicación de la inteligencia artificial a la búsqueda de empleo, y más concretamente cómo ChatGPT nos puede ayudar o puede sugerirnos y recomendar ideas para mejorar nuestra búsqueda para que logremos el trabajo deseado.

La inteligencia artificial o IA está cada vez más presente en nuestras vidas de una u otra forma. Cuando mencionamos este término no nos referimos solamente a los robots, quizá ya demasiado humanizados como lo es AMECA, sino a otros campos, sectores, espacios y/o lugares donde esta tecnología ya se utiliza y ha ido evolucionando desde hace algunos años. En el campo del empleo se ha usado sobre todo en los procesos de selección de personal.

¿Qué es ChatGPT? Este nombre hace referencia a una herramienta lanzada en noviembre de 2022 desde la empresa OpenAI que se sirve del lenguaje artificial GPT-4 para tareas relacionadas con ese lenguaje propiamente dicho, abarcando muchas posibilidades como la traducción de textos o la creación, modificación o revisión de los mismos. Es una IA a la cual se entrena mediante la información. En una especie de diálogo con la aplicación le vamos haciendo o sugiriendo preguntas. Ella nos responde según los parámetros que tenga configurados y podemos aceptar sus respuestas o hacer correcciones sobre ellas. Son estas modificaciones las que la IA va añadiendo a su propio conocimiento para realizar de una forma automatizada esa tarea o cometido para la cual ha sido diseñada. En el caso de ChatGPT ha sido entrenada específicamente para que pueda mantener conversaciones con cualquier persona de una manera coherente. Las actualizaciones más recientes son capaces de procesar imágenes, de modo que si por ejemplo compartimos con ella fotos de ingredientes culinarios nos sugiere recetas para hacer con ellos, o si le indicamos qué datos y qué elementos nos gustaría que tuviera una página web es capaz de interpretarlo y de crear todo el código para crearla.

¿Pero cómo puede ayudarme ChatGPT en mi búsqueda de empleo?

- Le podemos preguntar cómo es la situación en un mercado laboral o en un sector concreto, pidiéndole que nos explique cuáles serían las posibles tendencias de ese mercado, qué sectores podrían estar más en auge o qué oportunidades laborales consideraría más factibles dentro de un área geográfica concreta. Por ejemplo podríamos preguntar a la IA a qué tipo de trabajos podría enviar mi currículum en Béjar, mi ciudad.

- Podemos pedirle consejos sobre cómo poder mejorar nuestros currículums y/o cartas de presentación según el puesto de trabajo al que vayamos a optar. Lo que hemos señalado con anterioridad de adaptar el currículum a la oferta.

Nos puede crear un modelo de currículum y de carta de presentación adaptada a cada sector o puesto.

• Puede entrenarnos para la realización de entrevistas de trabajo, ya sea preguntándole cómo debemos prepararnos para ellas, cómo debemos responder cuando aparezcan determinadas preguntas difíciles o cómo podemos destacar y hacer valer mejor nuestras habilidades y nuestra experiencia en la entrevista.

• Otra aplicación es que nos sugiera empresas, sitios web o, si lo conoce, el contacto directo con los empleadores para que podamos enviar nuestra candidatura de empleo según la experiencia y los objetivos profesionales que le indiquemos.

• Nos puede sugerir maneras y formas en las que optimizar y mejorar nuestros perfiles en redes sociales y cómo poder generar más contenido y de qué tipo para impulsar, visibilizar más y enriquecer nuestras marcas personales, otro de los aspectos siempre importantes que a veces olvidamos, pero que debemos cuidar y cultivar cada día.

• Puede recomendarnos una buena estructura y contenido de un mensaje de correo electrónico para buscar empleo. Este es uno de los grandes quebraderos de cabeza para las personas que buscan trabajo. ¿Qué pongo en el correo? ¿Cómo lo pongo? La IA es capaz de crear este texto adaptado a lo que hayamos incluido en nuestro currículum y según los datos que le hayamos indicado, que quizá no sea el modelo perfecto ni definitivo, pero nos puede servir de guía y superar ese bloqueo que tantas veces experimentamos y sentimos a la hora de plantear y redactar una candidatura de empleo.

• Puede ofrecernos claves e ideas interesantes para un posible cambio de rumbo laboral, ya sea porque hemos estado trabajando muchos años en el mismo sector o puesto y deseamos un cambio de aires, ya sea porque no conocemos en qué otros trabajos o sectores podríamos enviar nuestro currículum. Le podemos preguntar cuestiones como hacia dónde puedo enfocar mi futuro laboral según la experiencia que tengo o a qué empresas podría enviar mi currículum según mi formación o mi trayectoria laboral por ejemplo.

• La IA no deja de ser una herramienta más, una posibilidad de éxito o de recomendación más dentro del inmenso campo que la tecnología nos ofrece. Nuevas formas y modelos para entender y hacer algo más amigable la relación humanos-máquinas. ¿Seremos capaces de llevarnos bien con las máquinas? ¿Serán ellas capaces de respetarnos y no acabar con nosotros? Lo que parece más claro y se va cumpliendo es que dentro de unos años habrá ya profesiones totalmente ocupadas por las máquinas, como aquellas relacionadas con la operatividad y el funcionamiento de determinadas máquinas dentro de fábricas (máquinas que controlan y dirigen a otras máquinas), en servicios de reparto y entrega de productos que serán sustituidos por drones, por ejemplo, algunos trabajos de tipo administrativo y contable que puede hacer más eficazmente una máquina, traductores o analistas como los financieros. Estos trabajos se considera que tendrán mayor impacto por la inteligencia artificial de aquí a unos años, aunque todo está aún por ver.

Se presenta un futuro donde las máquinas tendrán cada vez más presencia, pero en la que los humanos no dejaremos de estar. Serán nichos de mercado y profesiones que ya se están buscando y necesitando hoy. La IA en todas sus formas y variantes nos está abriendo una enorme variedad de posibilidades y de recursos que no conocíamos y que necesitamos seguir explorando y conociendo mejor para cumplir el objetivo que además da título a este libro. Nuestro objetivo es y será trabajar.

Muchos éxitos y alegrías para todos.

Este libro se terminó de editar en Granada
en diciembre de 2025 por

Aliarediciones

www.aliarediciones.es

info@aliarediciones.es